Emilia Pardo Bazán

La cuestión palpitante

Barcelona **2024**
Linkgua-ediciones.com

Créditos

Título original: La cuestión palpitante.

© 2024, Red ediciones S.L.

e-mail: info@linkgua.com

Diseño de cubierta: Michel Mallard.

ISBN tapa dura: 978-84-1126-423-5.
ISBN rústica: 978-84-9953-973-7.
ISBN ebook: 978-84-9007-809-9.

Sumario

Brevísima presentación

La vida

Emilia Pardo Bazán (1851-1921). España.

Nació el 16 de septiembre en A Coruña. Hija de los condes de Pardo Bazán, título que heredó en 1890. En su adolescencia escribió algunos versos y los publicó en el *Almanaque de Soto Freire*.

En 1868 contrajo matrimonio con José Quiroga, vivió en Madrid y viajó por Francia, Italia, Suiza, Inglaterra y Austria; sus experiencias e impresiones quedaron reflejadas en libros como *Al pie de la torre Eiffel* (1889), *Por Francia y por Alemania* (1889) o *Por la Europa católica* (1905).

En 1876 Emilia editó su primer libro, *Estudio crítico de Feijoo*, y una colección de poemas, *Jaime*, con motivo del nacimiento de su primer hijo. *Pascual López*, su primera novela, se publicó en 1879 y en 1881 apareció *Viaje de novios*, la primera novela naturalista española. Entre 1831 y 1893 editó la revista *Nuevo Teatro Crítico* y en 1896 conoció a Émile Zola, Alphonse Daudet y los hermanos Goncourt. Además tuvo una importante actividad política como consejera de Instrucción Pública y activista feminista.

Desde 1916 hasta su muerte el 12 de mayo de 1921, fue profesora de Literaturas románicas en la Universidad de Madrid.

Prólogo de la cuarta edición

Debe de ser muy parecida la impresión que produce el reeditar un libro hace tiempo agotado —sobre todo un libro como éste, de tan viva polémica— al sentimiento que se despierta en el alma cuando abrimos un cajón atestado de correspondencia antigua, donde yacen apagados y mudos los viejos afectos, los viejos intereses y las viejas tribulaciones. Con melancólica sorpresa escarbamos en las cenizas, releemos carillas y más carillas, y el pasado renace una hora. ¡Cuán bien discernimos entonces los yerros ajenos y propios! ¡Cuán disculpable engreimiento nos domina al advertir quizás que no en todo errábamos, que por ventura la experiencia de hoy corrobora las previsiones de ayer! Al repasar las hojas de *La cuestión palpitante*, antes de resolverme a reimprimirla al frente de mis *Obras completas*, noto más deficiencias en la composición del libro que diferencia entre mis ideas estéticas de entonces y las de ahora. Si intentase corregir o refundir, tendría que añadir mucho, sin variar esencialmente nada. Como que en realidad, la discutida, combatida, asendereada y —perdóneseme la afirmación— leidísima *Cuestión palpitante*, no fue catecismo de una escuela, según erradamente creyeron los que la vieron con ojos maliciosos o descuidados, sino exposición de teorías que aquí se habían entendido al revés, con saña y reprobación tan antiliterarias como ciegas, y ensayo de crítica de esas mismas teorías, sin pasión ni dogmatismo. Hoy, que se ha serenado el cielo, cualquiera que se tome el trabajo de repasar las hojas de mi libro verá que no es tal Biblia del naturalismo (así le llamaba, en chanza probablemente, cierto sapientísimo historiador), sino una tentativa de sincretismo, tan batalladora en la forma como serena y tolerante en el fondo. No diré que no se hayan modificado poco ni mucho mis ideas estéticas desde 1882, fecha en que insertaba *La Época* mis artículos titulados *La cuestión palpitante*. Se han modificado, o, mejor dicho, han devenido, de un modo tan orgánico y natural como el fruto sobre el árbol. La raíz y tronco no podían mudar ni mejorar: lo afirmo, precisamente porque estos principios inmutables e inmejorables en que se basa mi estética, ni me pertenecen ni pertenecen a nadie en propiedad exclusiva: son a la crítica lo que el método experimental a la ciencia: el fundamento, la base, el báculo para caminar y no caerse: desde ellos se puede lanzar el juicio a otras regiones; sin ellos no se va a ninguna parte. Y por su misma fecundísima amplitud es por lo que, sin renegar de ellos, puede el espíritu ir cambiando suavemente su primitiva orientación, en busca de horizontes cada vez más anchos, de mayor armonía y totalidad artística y humana. Completarse sin desmentirse, es tal vez el ideal del pensamiento. Sobre todo lo que aquí indico en cifra, y sobre otros diversos puntos de vista que me sugiere *La cuestión palpitante* releída hoy, podría yo, claro está, intercalar disertaciones que cuadruplicasen el texto primitivo, y refundir y variar éste, hasta dejarlo como nuevo. Podría también llenar vacíos, que reconozco y lamento, y extenderme en completar el boceto ligerísimo que tracé de la novela europea. La omisión más evidente en *La cuestión palpitante* es la de la novela rusa: omisión doblemente perjudicial, porque no es solo laguna en la erudición, sino algo peor, supresión de un lado entero de la cuestión misma, que completa, repara, ensancha, rectifica, explica el otro, representado por la novela francesa, y único a que en el presente libro atendí. Verdad es que, si mío fue el agravio, el desagravio mío fue también. Era en España la moderna novela rusa, de tan profundo sentido y capital importancia, mucho más desconocida en 1887 que la francesa en 1882, cuando me arrojé a exponer en el Ateneo su desarrollo, carácter y significación, logrando por primera vez allí y en la prensa alguna resonancia los nombres exóticos de Gogol, Tolstoi, Dostoyeuski, Turguenef, Chedrine, y demás astros del realismo ruso. Hoy el público español está casi familiarizado con esos nombres ilustres, especialmente con el del gran Tolstoi; y como mis tres lecturas en el Ateneo sobre *La Revolución y la Novela en Rusia* forman un grueso tomo, me sería fácil... hasta la ignominia, rellenar *La cuestión palpitante* con noticias de un asunto que tan conocido tengo. Ni tampoco me parece arco de iglesia añadir a las páginas dedicadas a la novela rusa otras suplementarias, donde más o menos analíticamente se estudiase el realismo italiano, el belga, el inglés, el sueco, noruego y dinamarqués, el yankee, y unas miajillas el alemán —que apenas existe—. Revistas, periódicos, cartas y libros he recogido en los ocho años que transcurrieron desde la publicación en tomo de mis cartas a *La Época*, donde tengo almacén más que suficiente para extraer materiales y tapar esos huecos, que soy la primera en notar y reconocer. Y en cuanto a nuestra novela nacional, ¡qué de páginas podría suplir quien se propone historiarla en plazo no muy remoto, y quien ya tiene escritas sobre un solo novelista de los de primera línea, Pedro Antonio de Alarcón, más de doscientas páginas!.

A dos razones he mirado para no añadir párrafo ni línea ni quitar coma ni punto de *La cuestión palpitante*. La primera y principal, que este libro posee cierto carácter histórico; que señala y encarna, por decirlo así, un momento, una fase de las ideas estéticas en España, y que valga poco o nada, sea intrínsecamente bueno, mediano o malo de remate, es lo que es, y perdería todo su ser con la menor alteración, reforma o embellecimiento que en él introdujese su propia autora. La segunda razón, de orden menos elevado y más práctico, es que, desde hace un año que se agotó enteramente el libro, no han cesado de pedirlo en librería, y como supongo que mis amables y constantes lectores de América y de España lo que solicitan es aquella misma *Cuestión palpitante* de antaño, juvenil y belicosa, la que ocasionó el gasto de tantos frascos de tinta, no veo con qué derecho les he de dar, en vez de la que piden, otra obra, que, víctima de la transformación tan funesta a la beldad femenil, hubiese perdido la esbeltez y viveza de los pocos años, engruesando y presentándose repleta y madura.

Quédese, pues, para su lugar el estudio completo sobre la novela española; aguarden a que yo publique un tomo de *Polémicas literarias* los varios artículos, que escribí en apología o defensa de las ideas vertidas en *La cuestión palpitante* —con algo más que no quisiera se me pudriese dentro—, y salga el libro sin más aditamentos ni comentarios que las sucintas indicaciones siguientes, que son en cierto modo su hoja de servicios.

La edición que hoy ofrezco al público, es la cuarta. Apareció la primera en *La Época*, en el invierno de 1882 a 1883, la segunda, a mediados de 1883, en un tomo delgadillo, de apretada letra y ningún garbo bibliográfico; la tercera, en 1886, en lengua francesa, versión de Alberto Savine y edición de la casa Giraud. La cuarta es la que tienes en tus manos, lector benévolo.

Cuando, después de haberse publicado en *La Época*, se reimprimían para formar tomo mis artículos de *La cuestión palpitante*, el señor don Daniel López, paisano mío y por mí encargado de la edición —pues yo me hallaba en la Coruña—, me manifestó en carta particular que nuestro común amigo el señor don José Rodríguez Mourelo le participaba que el señor don Leopoldo Alas (Clarín), se brindaba espontáneamente a encabezar con un prólogo el libro. Aceptada la oferta, añadióse el prólogo con distinta numeración (por estar la tirada bastante adelantada ya). Este prólogo no figura en la traducción francesa, la cual lleva en cambio uno del traductor Alberto Savine, que también he incluido ahora.

No es factible que yo recuerde todos los artículos de controversia de que fueron causa ocasional (no me atrevo a decir ni a pensar que eficiente) los míos de *La cuestión palpitante*. En la conciencia de todos los que leen y siguen con atención el movimiento literario está el que pocos libros de crítica habrán movido aquí tal oleaje de discusión; y en la mía está el no envanecerme de un resultado que tuvo gran parte de circunstancial y con más ciencia y reflexión, y fruto de más laboriosas vigilias. En la imposibilidad de catalogar adhesiones, impugnaciones, elogios, ataques, injurias, todo cuanto en la prensa diaria puede servir como de termómetro para apreciar si una obra se lee con interés, nombraré tan solo los libros o trabajos un poco extensos que llegaron adventicio, puesto que no lo consiguen libros escritos a mi noticia, y cuya publicación fue consecuencia de la de mi *Cuestión palpitante*. Tres volúmenes tengo a la vista. Titúlase el primero en fecha lo mismo que el mío: *La cuestión palpitante*, y lleva de subtítulo: Cartas a la señora doña Emilia Pardo Bazán, por J. Barcia Caballero; 1884. El segundo: *La novela moderna, cartas críticas*, por Juan B. Pastor Aicart, 1886. El tercero: *Apuntes sobre el nuevo arte de escribir novelas*, por Juan Valera, 1887. Y sin formar tomo, pero con extensión bastante para dar de sí un más que mediano folleto, hago memoria de otros tres trabajos o series de artículos: El naturalismo en la novela, monografía por don Manuel Polo y Peyrolón; los Estudios del presbítero señor Díaz Carmona, publicados, si no me equivoco, en la *Revista La Ciencia Cristiana*; y los varios artículos de Luis Alfonso, que *La Época* dio a luz como triaca del veneno destilado en los míos... Ya sé yo que ni el muy discreto director de *La Época*, ni el muy entendido crítico, se formalizarán por esto de la triaca; máxime cuando les consta que yo tengo del diario conservador la idea que merece en cuanto a amplitud y finura de gusto literario, cuestión en que podría dar lecciones a diarios más avanzados en ideas políticas.

A los artículos del señor Alfonso, que se publicaron casi pisando la cola del traje a los míos, respondí en tiempo y sazón convenientes. El libro de don Juan Valera comienza en estos renglones, que forman parte de la dedicatoria a don Pedro Antonio de Alarcón: «Mi querido amigo y compañero: Años ha que me dedicó usted un tomo de sus obras. Desde entonces deseo darle muestras de mi gratitud y pagar el obsequio, hasta donde esté a mi alcance, dedicándole algún escrito mío. Por desgracia, la esterilidad de mi ingenio y mi pereza, que siempre fueron grandes, han ido en aumento con la vejez. Nada he escrito en mucho tiempo. Ha sido menester para que yo escriba, como quien despierta de prolongado sueño, que nuestra entusiasta amiga Doña Emilia Pardo Bazán se declare naturalista, y que yo lo sepa con sorpresa dolorosa». Las 286 páginas de graciosa, intencionada y erudita impugnación que siguen a este aserto, me hubiesen dado a mí, si se publican el año de 1884, tela para otro volumen. Mas del 86 al 87, corridos casi cinco años desde los artículos de *La cuestión palpitante*, el instinto me decía que era pasada la hora de la escaramuza de vanguardia, y que ya no podía yo, ni desde afuera ni desde adentro, situarme en la misma posición de los primeros días del combate. Responder a Valera era tentador y honroso, y lucido y hasta divertido para mí; entre otras razones, por ser el autor de *Pepita Jiménez*, además de persona tan sabia y exquisita, hombre de educación social selecta, con quien se puede cruzar el acero en honrosa lid, sin temer que suelte el florete y esgrima el garrote del villano o el cuchillo cachicuerno del rufián; y si no respondí, a pesar de la bondad con que el mismo Valera me incitaba a ello, fue solo por creer que no había pájaros en los nidos de antaño; que para rehacer *La cuestión palpitante* era tarde ya. No renuncio, sin embargo, a decir algo del libro de Valera en el tomo de *Polémicas literarias*; mas no en tono de quien responde a una impugnación, sino de quien examina un libro digno de examen, y mira dentro de sí para averiguar, a la vuelta de ocho años, en qué sigue disintiendo de su impugnador, y en qué puntos vino a coincidir con él. Dos veces tuvo ocasión el gran novelista y original y poderoso crítico francés Emilio Zola de manifestar opiniones muy lisonjeras para *La cuestión palpitante*, que leyó traducida; opiniones que, por proceder de persona sincera y franca hasta la rudeza, adquieren doble valor. No obstante, yo titubearía, recelando colocar al frente de esta reimpresión de mi libro palabras del pontífice naturalista, si algunas de estas palabras no fuesen cabalmente, en vez de banderín y enseña que me afilie a escuela determinada, explícita declaración de que Zola —más perspicaz que la inmensa mayoría de mis compatriotas, que no se hartan de llamarme sectaria naturalista— ve en mí a un disidente o heterodoxo, y se da cuenta exacta del abismo que media entre mis ideas filosóficas y religiosas y las suyas, aunque no se detenga (ni era cosa de que se detuviese) a explicarse mi fórmula, que considero más ancha y larga, y por lo tanto más humana, que la suya..., dicho sea con todo el respeto que merece al insigne poeta épico de *Germinal*, y todo el convencimiento de mi insignificancia absoluta y relativa, porque uno son las ideas y otro el que las sostiene y propugna, y aquí Dios ha dispuesto que la mejor causa tenga el peor paladín... Ni paladín siquiera... ¡Una Clorinda, armada de punta en blanco!...

Emilia Pardo Bazán

Prólogo de Clarín a la segunda edición

Mano sucia de la literatura llamaba al naturalismo un ilustre académico, pocos días hace; y ahora tenemos que una mano blanca y pulquérrima, de esas que no ofenden aunque peguen, por ser de quien son, y que se cubren de guante oloroso de ocho botones, viene a defender con pluma de oro lo que el autor de *El sombrero de tres picos* tan duramente califica.

Aunque en rigor, tal vez lo que en este libro se defiende no es lo mismo que el señor Alarcón ataca, como los molinos que atacaba Don Quijote no eran los gigantes que él veía.

No es lo peor que el naturalismo no sea como sus enemigos se lo figuran, sino que se parezca muy poco a la idea que de él tienen muchos de sus partidarios, llenos de una fe tan imprudente como todas las que son ciegas.

En España, y puede ser que fuera suceda lo mismo, las ideas nuevas suelen comenzar a pudrirse antes de que maduren: cuando los españoles capaces de pensar por cuenta propia todavía no se han convencido de algo, ya el vulgo está al cabo de la calle, y ha entendido mal lo que los otros no acababan de entender bien. Lo malo de lo vulgar no es el ser cosa de muchos, sino de los peores, que son los más. Las ideas que se vulgarizan pierden su majestad, como los reyes populacheros. Porque una cosa es propagar y otra vulgarizar. Los adelantos de las ciencias naturales vulgarizados han dado por fruto las novelas absurdas de Verne y los libros de Figuier. El positivismo que ha llegado a los cafés, y acaso a las tabernas, no es más que la blasfemia vulgar con algunos términos técnicos.

El naturalismo literario, que en España han admitido muy pocas personas formales, hasta ahora, cunde fácilmente, como un incendio en un almacén de petróleo, entre la gente menuda aficionada a lecturas arriesgadas. Es claro que el naturalismo no es como esos entusiastas, más simpáticos que juiciosos, lo comprenden y predican. El naturalismo, según ellos, lo puede derrotar el idealismo cinco veces en una hora: el naturalismo, según él, no lo ha entendido el señor Alarcón todavía, y lo que es más doloroso, el señor Campoamor tampoco. Para éste es la imitación de lo que repugna a los sentidos; para Alarcón es... la parte contraria.

El libro a que estos renglones sirven de prólogo es uno de los que mejor exponen la doctrina de esa nueva tendencia literaria tan calumniada por amigos y enemigos.

¿Qué es el naturalismo? El que lea de buena fe, y con algún entendimiento por supuesto, los capítulos que siguen, preparado con el conocimiento de las obras principales, entre las muchas a que ésta se refiere, podrá contestar a esa pregunta exactamente o poco menos.

Yo aquí voy a limitarme, en tal respecto, a decir algo de lo que el naturalismo no es, reservando la mayor parte del calor natural para elogiar, como lo merece, a la señora que ha escrito el presente libro. Porque, a decir verdad, si para mí es cosa clara el naturalismo, lo es mucho más el ingenio de tan discreto abogado, que me recuerda a aquel otro, del mismo sexo, que Shakespeare nos pinta en *El mercader de Venecia*.

El naturalismo no es la imitación de lo que repugna a los sentidos, señor Campoamor, queridísimo poeta; porque el naturalismo no copia ni puede copiar la sensación, que es donde está la repugnancia. Si el naturalismo literario regalase al señor Campoamor los olores, colores, formas, ruidos, sabores y contactos que le disgustan, podría quejarse, aunque fuera a costa de los gustos ajenos (pues bien pudieran ser agradables para otros los olores, sabores formas, colores y contactos que disgustasen al poeta insigne). Pero es el caso que la literatura no puede consistir en tales sensaciones ni en su imitación siquiera. Las sensaciones no se pueden imitar sino por medio de sensaciones del mismo orden. Por eso la literatura ha podido describir la peste de Milán y los apuros de Sancho en la escena de los batanes, sin temor al contagio ni a los malos olores. El argumento del asco empleado contra el naturalismo no es de buena fe siquiera.

El naturalismo no es tampoco la constante repetición de descripciones que tienen por objeto representar ante la fantasía imágenes de cosas feas, viles y miserables. Puede todo lo que hay en el mundo entrar en el trabajo literario, pero no entra nada por el mérito de la fealdad, sino por el valor real de su existencia. Si alguna vez un autor naturalista ha exagerado, falto de tino, la libertad de escoger materia, perdiéndose en la descripción de lo insignificante, esta culpa no es de la nueva tendencia literaria.

El naturalismo no es solidario del positivismo, ni se limita en sus procedimientos a la observación y experimentación en el sentido abstracto, estrecho y lógicamente falso, por exclusivo, en que entiende tales formas del método el ilustre Claudio Bernard. Es verdad que Zola en el peor de sus trabajos críticos ha dicho algo de eso; pero él mismo escribió más tarde cosa parecida a una rectificación; y de todas maneras, el naturalismo no es responsable de esta exageración sistemática de Zola.

El naturalismo no es el pesimismo, diga lo que quiera el notable filósofo y crítico González Serrano, y por más que en esta opinión le acompañe acaso la poderosa inteligencia de Doña Emilia Pardo Bazán, autora de este libro. Verdad es que Zola habla algunas veces —por ejemplo, al criticar *Las tentaciones de san Antonio*— de lo que llamaba Leopardi «l'infinita vanità del tutto»; pero esto no lo hace en una novela; es una opinión del crítico. Y aunque se pudiera demostrar, que lo dudo, que de las novelas de Zola y de Flaubert se puede sacar en consecuencia que estos autores son pesimistas, no se prueba así que el naturalismo, escuela, o mejor, tendencia pura y exclusivamente literaria, tenga que ver ni más ni menos con determinadas ideas filosóficas acerca de las causas y finalidad del mundo. Ninguna teoría literaria seria se mete en tales libros de metafísica; y menos que ninguna el naturalismo, que, en su perfecta imitación de la realidad, se abstiene de dar lecciones, de pintar los hechos como los pintan los inventores de filosofías de la historia, para hacerles decir lo que quiere que digan el que los pinta: el naturalismo encierra enseñanzas, como la vida, pero no pone cátedra: quien de un buen libro naturalista deduzca el pesimismo, lleva el pesimismo en sí; la misma conclusión sacará de la experiencia de la vida. Si es el libro mismo el que forzosamente nos impone esa conclusión, entonces el libro podrá ser bueno o malo, pero no es, en este respecto, naturalista. Pintar las miserias de la vida no es ser pesimistas. Que hay mucha tristeza en el mundo, es tal vez el resultado de la observación exacta.

El naturalismo no es una doctrina exclusivista, cerrada, como dicen muchos: no niega las demás tendencias. Es más bien un oportunismo literario; cree modestamente que la literatura más adecuada a la vida moderna es la que él defiende. El naturalismo no condena en absoluto las obras buenas que pueden llamarse idealistas; condena, sí, el idealismo, como doctrina literaria, porque éste le niega a él el derecho a la existencia.

El naturalismo no es un conjunto de recetas para escribir novelas, como han creído muchos incautos. Aunque niega las abstracciones quiméricas de cierta psicología estética que nos habla de los mitos de la inspiración, el estro, el genio, los arrebatos, el desorden artístico y otras invenciones a veces inmorales; aunque concede mucho a los esfuerzos del trabajo, del buen sentido, de la reflexión y del estudio, está muy lejos de otorgar a los necios el derecho de convertirse en artistas, sin más que penetrar en su iglesia. Entren en buena hora en el naturalismo cuantos lo deseen..., pero en este rito no canta misa el que quiere: los fieles oyen y callan. Esto lo olvidan, o no lo saben, muchos caballeros que, por haberse enterado de prisa y mal de lo que quiere la nueva tendencia literaria, cogen y se ponen a escribir novelas, llenos de buena intención, dispuestos a seguir en todo el dogma y la disciplina del naturalismo... Pero, fides sine operibus nulla est. Autor de estos hay que tiene en proyecto contar las estrellas y todas las arenitas del mar, para escribir la obra más perfecta del naturalismo. Ya se han escrito por acá novelas naturalistas con planos; y no falta quien tenga entre ceja y ceja una novela política, naturalista también, en la que, con motivo de hacer diputado al protagonista, piensa publicar la ley electoral y el censo. Lástima que tales extravíos no sean siquiera excesos del ingenio, sino producto de medianías aduladas, que, merced a la facilidad del trato social, piensan que por codearse en todas partes con el talento, y hasta discutir con él, pueden atreverse a las mismas empresas...

Y ya es hora de dejar el naturalismo, y hablar de la escritora ilustre que con maestría lo defiende, no sin muchas salvedades, necesarias por culpa de las confusiones a que ya me he referido.

No necesita Emilia Pardo Bazán que yo ensalce sus méritos, que son bien notorios. Los recordaré únicamente para hacer notar el gran valor de su voto en *La cuestión palpitante*. Hay todavía quien niega a la mujer el derecho de ser literata. En efecto, las mujeres que escriben mal son poco agradables; pero lo mismo les sucede a los hombres. En España, es preciso confesarlo, las señoras que publican versos y prosa suelen hacerlo bastante mal. Hoy mismo escriben para el público muchas damas, que son otras tantas calamidades de las letras, a pesar de lo cual yo beso sus pies. Aun de las que alaba cierta parte del público, yo no diría sino pestes una vez puesto a ello. Hay, en mi opinión, dos escritoras españolas que son la excepción gloriosa de esa deplorable regla general; me refiero a la ilustre y nunca bastante alabada doña Concepción Arenal y a la señora que escribe *La cuestión palpitante*.

La literata española no suele ser más instruida que la mujer española que se deja de letras: todo lo fía a la imaginación y al sentimiento, y quiere suplir con ternura el ingenio. Lo más triste es que la moralidad que esas literatas predican, no siempre la siguen en su conducta mejor que las mujeres ordinarias. Emilia Pardo Bazán, que tiene una poderosa fantasía, ha cultivado las ciencias y las artes, es un sabio en muchas materias y habla cinco o seis lenguas vivas. Prueba de que estudia mucho y piensa bien, son sus libros histórico-filosóficos, como, por ejemplo, la *Memoria acerca de Feijoo*, el *Examen de los poemas épicos cristianos*, el libro *San Francisco* y otros muchos. De la fuerza de su ingenio hablan principalmente sus novelas *Pascual López* y *Un viaje de novios*. Esta última obra ha puesto a su autora en el número de los primeros novelistas del presente renacimiento. Pero la señora Pardo Bazán emprende en *La cuestión palpitante* un camino por el que no han andado jamás nuestras literatas: el de la crítica contemporánea. ¡Y de qué manera! ¡con qué valentía! Espíritu profundo, sincero, imparcial, sin preocupaciones, sin un papel que representar necesariamente en la comedia de la literatura que se tiene por clásica, al estudiar Emilia Pardo lo que hoy se llama el naturalismo literario, así en las novelas que ha producido como en los trabajos de crítica que exponen sus doctrinas, no pudo menos de reconocer que algo nuevo se pedía con justicia; algo valía lo que, sin examen y con un desdén fingido, condenan tantos literatos empalagosos y holgazanes, que no piensan más que en saborear las migajas de gloria o de vanagloria que el público les concede, sobrado benévolo.

Es triste considerar que en España la buena fe, la sinceridad, apenas han llegado a las letras. La misma afectación que suele haber en el estilo y en la composición de las obras de fantasía, la hay en el pensar y en el sentir: como se habla con frases hechas, se piensa con pensamientos hechos. Y no hay nadie que a los académicos hueros, que no se avergüenzan de vestir un uniforme a fuer de literatos, los silbe sin piedad y ridiculice con sátira que quebrante huesos. La literatura así es juego de niños o chochez de viejos. Se ha recibido aquí el naturalismo con alardes de ignorancia y groserías de magnate mal educado, con ese desdén del linajudo idiota hacia el talento sin pergaminos. Crítico ha habido que ha llegado a decirnos que nos entusiasmamos con el naturalismo, porque... ¡hemos leído poco! Que nada de eso es nuevo; que ya en Grecia, y si se le apura, en China, había naturalistas; que todo es natural sin dejar de ser ideal, y viceversa, y que en letras lo mejor es no admirarse de nada.

La cuestión palpitante demuestra que hay en España quien ha leído bastante Y pensado mucho, y sin embargo reconoce que el naturalismo tiene razón en muchas cosas y pide reformas necesarias en la literatura, en atención al espíritu de la época.

Emilia Pardo es católica, sinceramente religiosa; ama las letras clásicas, estudia con fervor las épocas del hermoso romanticismo patrio, y con todo reconoce, porque ve claro, que el naturalismo viene en buena hora porque ha sabido llegar a tiempo. Se puede combatir aisladamente tal o cual teoría de autor determinado; se puede censurar algún procedimiento de algún novelista, las exageraciones, el espíritu sistemático; pero negar que el naturalismo es un fermento que obra en bien de las letras, es absurdo, es negar la evidencia.

Sabe la autora simpática, valiente y discretísima de este libro a lo que se expone publicándolo. Yo sé más; sé que hay quien la aborrece, a pesar de que es una señora, con toda la brutalidad de las malas pasiones irritadas; sé que no la perdonarán que trabaje con tal eficacia en la propaganda de un criterio, que ha de quitar muchos admiradores a ciertas flores de trapo que pasan por joyas de nuestra literatura contemporánea. Nada de eso importa nada. La literatura vieja, que todavía viste calzón corto en las solemnidades, y baila una especie de minué al recibir y apadrinar a los que admite en sus academias, tiene el derecho a las manías de la decrepitud. Nuestros escritores pseudo-clásicos, que se pasan la vida limpiando y dando esplendor a la herrumbre del idioma, me recuerdan a cierta pobre anciana de una célebre novela contemporánea. Ya perdido el juicio, vive con la manía de la limpieza, y no hace más que frotar cadenas y dijes para que brillen sin una mancha, como soles. Nuestros literatos clásicos, que son los románticos de ayer, suspiran con el hipo del idealismo mal comprendido, y faltos ya de ingenio para decir cosa nueva, se entretienen en lucir sus alhajas de antaño y limpiarlas una y otra vez, como la pobre vieja. En paz descansen.

¡Lo más triste es que cierta parte de la juventud, codiciando heredar los nichos académicos, adula a esos maníacos, y hace ascos también a lo nuevo, y revuelve papeles viejos, y lee a Zola traducido!

Al ver tanta miseria, ¿cómo no admirar y elogiar con entusiasmo a quien desdeña halagos que a otros seducen, y se atreve a provocar tantos rencores, a contrarrestar tantas preocupaciones, a sufrir tantos desaires, sacrificándolo todo a la verdad, a la sinceridad del gusto, esa virtud aquí confundida con el mal tono, y casi casi, con la mala crianza?

Estéticos trasnochados que dividís las cosas en tres partes, y no leéis novelas, y después habláis de literatura objetiva y subjetiva, como si dijérais algo: pseudoclásicos insípidos, que aún no os explicáis por qué el mundo no admira vuestros versos a Filis y Amarilis, y despreciáis los autores franceses modernos porque están llenos de galicismos: revisteros mal pagados, que traducís a los Sarcey, a los Veron, a los Brunetière, para mandarlos a España en vuestras Correspondencias de París, traduciendo sin pensarlo hasta los rencores, las venganzas y la envidia de los críticos idealistas, pero no ideales: gacetilleros metafísicos, eruditos improvisados, imitadores cursis, apóstoles temerarios, novelistas desorientados, dramaturgos enmohecidos... leed, leed todos *La cuestión palpitante*, que aprenderéis no poco, y olvidaréis acaso (que es lo que más importa) vuestras preocupaciones, vuestras pedanterías, vuestra ciega cólera, vuestros errores tenaces, vuestras injusticias, vuestra impudencia y vuestros cálculos sórdidos respectivamente.

De este libro dirá algún periódico, idealista por lo visionario, «que está llamado a suscitar grandes polémicas literarias»

¡Ojalá! Pero no. En España no suscitan polémicas más libros que los libelos. Lo que suscitará este libro será muchos rencores taciturnos.

Aquí los literatos de alguna importancia no suelen discutir. Prefieren vengarse despellejando al enemigo de viva voz.

Debo añadir, que lo que más irritará a muchos no será la defensa de ciertas doctrinas, sino el elogio de ciertas personas.

¡Ojalá el que yo hago de Emilia Pardo Bazán pudiera poner amarillos hasta la muerte a varios escritores y escritoras... todos del sexo débil, porque en el literato envidioso hay algo del eterno femenino!

Clarín
Madrid, 14 de junio.

I. Hablemos del escándalo

Es cosa de todos sabida que, en el año de 1882, naturalismo y realismo son a la literatura lo que a la política el partido formado por el duque de la Torre: se ofrecen como última novedad, y, por añadidura, novedad escandalosa. Hasta los oídos del más profano en letras comienzan a familiarizarse con los dos ismos.

Dada la olímpica indiferencia con que suele el público mirar las cuestiones literarias, algo desusado y anormal habrá en ésta cuando así logra irritar la curiosidad de unos, vencer la apatía de otros, y que todo el mundo se imagine llamado a opinar de ella y resolverla.

Este movimiento no sería malo, al contrario, si naciese de aquel ardiente amor al arte que dicen inflamaba a los ciudadanos de las repúblicas griegas; pero aquí reconoce distinto origen, y desatiende la cuestión literaria para atender a otras diferentes aunque afines. Muy análogo es lo que ocurre ahora con el naturalismo y el realismo a lo que sucedió con los dramas del señor Echegaray. Si teníamos o no un grande y verdadero poeta dramático; si sus ficciones eran bellas; si procedía de nuestra escuela romántica o había que considerar en él un atrevido novador, de todo esto se le importó algo a media docena de literatos y críticos; lo que es al público le tuvo sin cuidado; discutió, principalmente, si Echegaray era moral o inmoral, si las señoritas podían o no asistir a la representación de Mar sin orillas, y si el autor figuraba en las filas democráticas y había hablado in illo tempore de cierta trenza... El resultado fue el que tenía que ser: extraviarse lastimosamente la opinión, por tal manera, que harán falta bastantes años y la lenta acción de juiciosa crítica para que se descubra el verdadero rostro literario de Echegaray, y en vez del dramaturgo subversivo y demoledor, se vea al reaccionario que retrocede, no solo al romanticismo, sino al teatro antiguo de Calderón y Lope.

Otro tanto acaecerá con el naturalismo y el realismo: a fuerza de encarecer su grosería, de asustarse de su licencia, de juzgarlo por dos o tres páginas, o si se quiere por dos o tres libros, el público se quedará en ayunas, sin conocer el carácter de estas manifestaciones literarias, después de tanto como se habla de ellas a troche y moche.

Fácil es probar la verdad de cuanto indico. ¿Qué lector de periódicos habrá que no tropiece con artículos rebosando indignación, donde se pone a naturalistas y realistas como hoja de perejil, anatematizándolos en nombre de las potestades del cielo y de la tierra? Y esto no solo en los diarios conservadores y graves, sino en el papel más radical y ensalzao, que diría un personaje de Pereda. Publicaciones hay que después de burlarse, tal vez, de los dogmas de la Iglesia, y de atacar sañudamente a clases e instituciones, se revuelven muy enojadas contra el naturalismo, que en su entender tiene la culpa de todos los males que afligen a la sociedad. Aquí que no peco, dicen para su sayo. Hubo un tiempo en que la acusación de desmoralizarnos pesó sobre la lotería y los toros: el naturalismo va a heredar los crímenes de estas dos diversiones genuinamente nacionales.

En confirmación de mi aserto aduciré un hecho. El señor Moret y Prendergast asistió este verano a los Juegos florales de Pontevedra, haciendo gran propaganda democrático-monárquica: pero también lució su elocuencia en la velada literaria, donde, dejando a un lado las lides del Parlamento y las tempestades de la política, lanzó un indignado apóstrofe a Zola y felicitó a los poetas y literatos gallegos que concurrieron al certamen, por no haber seguido las huellas del autor de los *Rougon Macquart*.

Francamente, confieso que si me hubiese pasado toda la mañana en querer adivinar lo que diría por la noche el señor Moret, así se me pudo ocurrir que la tomase con Zola, como con Juliano el Apóstata o el moro Muza. Cualquiera de estos dos personajes hace en nuestra poesía tantos estragos como el pontífice del naturalismo francés: a poeta alguno, que yo sepa, se le pasa por las mientes imitarlo, ni en Pontevedra, ni en otra ciudad de España. Si el señor Moret recomendase a los poetas originalidad e independencia respecto de Bécquer, de Espronceda, de Campoamor o Núñez de Arce..., entonces no digo... Lo que es Zola bien inocente está de los delitos poéticos que se cometen en nuestra patria. Y en la prosa misma nos dañan bastante más, hoy por hoy, otros modelos.

El proceder del señor Moret me recuerda el caso de aquel padre predicador que en un pueblo se desataba condenando las peinetas, los descotes bajos y otras modas nuevas y peregrinas de Francia, que nadie conocía ni usaba entre las mujeres que componían su auditorio. Oíanle éstas y se daban al codo murmurando bajito: «¡Hola, se usan descotes! ¡Hola, conque se llevan peinetas!». El lado cómico que para mí presenta el apóstrofe del señor Moret, es dar señal indudable de la confusión de géneros que hoy reina en la oratoria. Poca gente asiste a los sermones en la iglesia; pero, en cambio, casi no hay apertura de Sociedad, discurso de Academia, ni arenga política que no tienda a moralizar a los oyentes. Al señor Moret le sirvió Zola para mezclar en su discurso lo grave con lo ameno, lo útil con lo dulce; solo que erró en el ejemplo.

Si entre los hombres políticos no está en olor de santidad el naturalismo, tampoco entre los literatos de España goza de la mejor reputación. Pueden atestiguarlo las frases pronunciadas por mi inspirado amigo el señor Balaguer al resumir los debates de la sección de literatura del Ateneo. Un insigne novelista, de los que más prefiere y ama el público español, me declaraba últimamente no haber leído a Zola, Daudet ni ninguno de los escritores naturalistas franceses, si bien le llegaba su mal olor. Pues bien: con todo el respeto que se merece el elegante narrador y cuantos piensen como él reuniendo iguales méritos, protesto y digo que no es lícito juzgar y condenar de oídas y de prisa, y sentenciar a la hoguera encendida por el ama de Don Quijote a una época literaria, a una generación entera de escritores dotados de cualidades muy diversas, y que si pueden convenir en dos o tres principios fundamentales, y ser, digámoslo así, frutos de un mismo otoño, se diferencian entre sí como la uva de la manzana y ésta de la granada y del níspero. ¿No fuera mejor, antes de quemar el ya ingente montón de libros naturalistas, proceder a un donoso escrutinio como aquel de marras?

Ni es solo en España donde la literatura naturalista y realista está fuera de la ley. Citaré para demostrarlo un detalle que me concierne; y perdone el lector si saco a colación mi nombre, di necessitá, como dijo el divino poeta. En la *Revue Britannique* del 8 de agosto de 1882 vio la luz un artículo titulado *Littérature Espagnole Critique. Un diplomate romancier: Juan Valera.* (Largo es el título; pero responda de ello su autor, que firma Desconocid). Ahora pues, este Mr. Desconocid, tras de hablar un buen rato de las novelas del señor Valera, va y se enfada y dice: «J'apprends qu'une femme, dans Un voyage de fiancés (*Viaje de novios*), essaye d'acclimater en Espagne le roman naturaliste. Le naturalisme consiste probablement en ce que [...]». No reproduzco el resto del

párrafo, porque el censor idealista añade a renglón seguido cosas nada ideales; paso por alto lo de traducir viaje de novios «Voyage de fiancés», como si
fuesen los futuros y no los esposos quienes viajan juntos mano a mano —cosa
no vista hasta la fecha— porque también traduce «Pasarse de listo» por «Trop
d'imagination»); y voy solamente a la ira y desdén que el crítico traspirenaico
manifiesta cuando averigua que existe en España une femme que osa tratar
de aclimatar la novela naturalista! Parece al pronto que todo crítico formal, al
tener noticia del atentado, desearía procurarse el cuerpo del delito para ver
con sus propios ojos hasta dónde llega la iniquidad del autor; y si esto hiciese Mr. Desconocid, lograría dos ventajas: primera, convencerse de que casi
estoy tan inocente de la tentativa de aclimatación consabida, como Zola de la
perversión de nuestros poetas; segunda, evitar la garrafalada de traducir viaje
de novios por «Voyage de fiancés», y todas las ingeniosas frases que le inspiró
esta versión libérrima. Pero Mr. Desconocid echó por el atajo, diciendo lo que
quiso sin molestarse en leer la obra, sistema cómodo y por muchos empleado.
He de confesar que, viéndome acusada nada menos que en dos lenguas (la
Revue Britannique se publica, si no me engaño, en París y Londres simultá-
neamente) de los susodichos ensayos de aclimatación, creció mi deseo de
escribir algo acerca de la palpitante cuestión literaria: naturalismo y realismo.
Cualquiera que sea el fallo que las generaciones presentes y futuras pronun-
cien acerca de las nuevas formas del arte, su estudio solicita la mente con el
poderoso atractivo de lo que vive, de lo que alienta; de lo actual, en suma.
Podrá la hora que corre ser o no ser la más bella del día; podrá no brindarnos
calor solar ni amorosa luz de Luna; pero al fin es la hora en que vivimos.
Aún suponiendo que naturalismo y realismo fuesen un error literario, un síntoma de decadencia, como el culteranismo, v. gr., todavía su conocimiento,
su análisis, importaría grandemente a la literatura. ¿No investiga con afán el
teólogo la historia de las herejías? ¿No se complace el médico en diagnosticar
una enfermedad extraña? Para el botánico hay sin duda algunas plantas lindas
y útiles y otras feas y nocivas, pero todas forman parte del plan divino y tienen
su belleza peculiar en cuanto dan elocuente testimonio de la fuerza creadora.
Al literato no le es lícito escandalizarse nimiamente de un género nuevo, porque los períodos literarios nacen unos de otros, se suceden con orden, y se
encadenan con precisión en cierto modo matemática: no basta el capricho de

un escritor, ni de muchos, para innovar formas artísticas; han de venir prepa-
radas, han de deducirse de las anteriores. Razón por la cual es pueril imputar
al arte la perversión de las costumbres, cuando con mayor motivo pueden
achacarse a la sociedad los extravíos del arte.

Todas estas consideraciones, y la convicción de que el asunto es nuevo en
España, me inducen a emborronar una serie de artículos donde procure tratarlo y esclarecerlo lo mejor que sepa, en estilo mondo y llano, sin enfadosas citas
de autoridades ni filosofías hondas. Quizás esta misma ligereza de mi trabajo
lo haga soportable al público: el corcho sobrenada, mientras se sumerge el
bronce. Si no salgo airosa de mi empresa, otro lo cantará con mejor plectro.
Obedece al mismo propósito de vulgarización literaria la inserción de estos
someros estudios en un periódico diario. Si a tanto honor los hiciese acreedores la aprobación del lector discreto, no faltará un in 8.º donde empapelarlos;
entretanto, corran y dilátense llevados por las alas potentes y veloces de la
prensa, de la cual todo el mundo murmura, y a la cual todo el mundo se acoge
cuando le importa... Y aquí me ocurre una aclaración. El pasado año se discutió en el Ateneo el tema de estos artículos, a saber: el naturalismo. La costumbre —con otra causa más poderosa no atino ahora, tal vez por la premura
con que escribo— veda a las damas la asistencia a aquel centro intelectual;
de suerte que, aun cuando me hallase en la corte de las Españas, no podría
apreciar si se ventiló en él con equidad y profundidad la cuestión. Así es que
al asegurar que el asunto es nuevo, aludo en particular a los dominios de la
palabra escrita, donde definitivamente se resuelven los problemas literarios.

Sentado todo lo anterior, hablemos del escándalo. Cada profesión tiene su
heroísmo propio: el anatómico es valiente cuando diseca un cadáver y se
expone a picarse con el bisturí y quedar inficionado del carbunclo, o cosa
parecida; el aeronauta, cuando corta las cuerdas del globo; el escritor ha
menester resolución para contrarrestar poco o mucho la opinión general; así
es que probablemente, al emprender este trabajo, añado algunos renglones
honrosos a mi modesta hoja de servicios.

Tal vez alguien vuelva a hablar de aclimataciones y otras niñerías, afirmando
que quise abogar por una literatura inmunda, vitanda y reprobable. A bien que
la verdad se hace lugar tarde o temprano, y el que desapasionada y pacien-
temente lea lo que sigue, no verá panegíricos ni alegatos, sino la apreciación

imparcial de la fase literaria más reciente y característica. Y, por otra parte, como las ideas se difunden hoy con tal rapidez, es posible que en breve lo que ahora parece novedad sea conocido hasta de los estudiantes de primer año de retórica. Para entonces tendrá el naturalismo en España panegiristas y sectarios verdaderos, y a los meros expositores nos reintegrarán en nuestro puesto neutral.

II. Entramos en materia

Empezaré diciendo lo que en mi opinión debe entenderse por naturalismo y realismo, y si son una misma cosa o cosas distintas.

Por supuesto que el Diccionario de la Lengua castellana (que tiene el don de omitir las palabras más usuales y corrientes del lenguaje intelectual, y traer en cambio otras como of, chincate, songuita, etc., que solo habiendo nacido hace seis siglos, o en Filipinas, o en Cuba, tendríamos ocasión de emplear), carece de los vocablos naturalismo y realismo. Lo cual no me sorprendería si éstos fuesen nuevos; pero no lo son, aunque lo es, en cierto modo, su acepción literaria presente. En filosofía, ambos términos se emplean desde tiempo inmemorial: ¿quién no ha oído decir el naturalismo de Lucrecio, el realismo de Aristóteles? En cuanto al sentido más reciente de la palabra naturalismo, Zola declara que ya se lo da Montaigne, escritor moralista que murió a fines del siglo XVI.

Entre las cien mil voces añadidas al Diccionario por una Sociedad de Literatos (París, Garnier, 1882), encuéntrase la palabra naturalismo, pero únicamente en su acepción filosófica: ni por asociarse se acuerdan más de la literatura los literatos susodichos. Así es que para fijar el sentido de las voces naturalismo y realismo, acudiremos al de natural y real. Según el Diccionario, natural es «lo que pertenece a la naturaleza»; real «lo que tiene existencia verdadera y efectiva».

Y es muy cierto que el naturalismo riguroso, en literatura y en filosofía, lo refiere todo a la naturaleza: para él no hay más causa de los actos humanos que la acción de las fuerzas naturales del organismo y el medio ambiente. Su fondo es determinista, como veremos.

Por determinismo entendían los escolásticos el sistema de los que aseguraban que Dios movía o inclinaba irresistiblemente la voluntad del hombre a aquella parte que convenía a sus designios. Hoy determinismo significa la misma dependencia de la voluntad, solo que quien la inclina y subyuga no es Dios, sino la materia y sus fuerzas y energías. De un fatalismo providencialista, hemos pasado a otro materialista. Y pido perdón al lector si voy a detenerme algo en el asunto; poquísimas veces ocurrirá que aquí se hable de filosofía, y nunca profundizaremos tanto que se nos levante jaqueca; pero dos o tres nocioncillas son indispensables para entender en qué consiste la diferencia del naturalismo y el realismo.

Filósofos y teólogos discurrieron, en todo tiempo, sobre la difícil cuestión de la libertad humana. ¿Nuestra voluntad es libre? ¿Podemos obrar como debemos? Es más: ¿podemos querer obrar como debemos? La antigüedad pagana se inclinó generalmente a la solución fatalista. Sus dramas nos ofrecen el reflejo de esta creencia: los Atridas, al cometer crímenes espantosos, obedecen a los dioses; penetrado de una idea fatalista, el filósofo estoico Epicteto decía a Dios: «llévame adonde te plazca»; y el historiador Veleyo Patérculo escribía que Catón «no hizo el bien por dar ejemplo, sino porque le era imposible, dentro de su condición, obrar de otro modo». Más adelante, la teología cristiana, a su vez, discutió el tema del albedrío, en el cual se encerraba el gravísimo problema del destino final del hombre; porque, según acertadamente observaba San Clemente de Alejandría ni elogios, ni honores, ni suplicios tendrían justo fundamento, si el alma no gozase de libertad al desear y al abstenerse, y si el vicio fuese involuntario. El mérito singular de la teología católica consiste en romper las cadenas del antiguo fatalismo, sin negar la parte importantísima que toma en nuestros actos la necesidad. En efecto, reconociendo el libre arbitrio absoluto, como lo hacía el hereje Pelagio resultaba que el hombre podría, entregado a sus fuerzas solas y sin ayuda de la gracia, salvarse y ser perfecto, mientras que, anulando la libertad, como el otro heresiarca Lutero, el ente más malvado e inicuo sería también perfecto e impecable, puesto que no estaba en su mano proceder de distinto modo.

Supo la teología mantenerse a igual distancia de ambos extremos; y San Agustín acertó a realizar la conciliación del albedrío y la gracia, con aquella profundidad y tino propios de su entendimiento de águila. Para esta conciliación hay un dogma católico que alumbra el problema con clara luz: el del pecado original. Solo la caída de una naturaleza originariamente pura y libre puede dar la clave de esta mezcla de nobles aspiraciones y bajos instintos, de necesidades intelectuales y apetitos sensuales, de este combate que todos los moralistas, todos los psicólogos, todos los artistas se han complacido en sorprender, analizar y retratar.

Tiene la explicación agustiniana la ventaja inapreciable de estar de acuerdo con lo que nos enseñan la experiencia y sentido íntimo. Todos sabemos que cuando en el pleno goce de nuestras facultades nos resolvemos a una acción, aceptamos su responsabilidad: es más: aun bajo el influjo de pasiones fuertes, ira, celos, amor, la voluntad puede acudir en nuestro auxilio; ¡quién habrá que, haciéndose violencia, no la haya llamado a veces, y —si merece el nombre de racional— no la haya visto obedecer al llamamiento! Pero tampoco ignora nadie que no siempre sucede así, y que hay ocasiones en que, como dice San Agustín, «por la resistencia habitual de la carne... el hombre ve lo que debe hacer, y lo desea sin poder cumplirlo». Si en principio se admite la libertad, hay que suponerla relativa, e incesantemente contrastada y limitada por todos los obstáculos que en el mundo encuentra. Jamás negó la sabia teología católica semejantes obstáculos, ni desconoció la mutua influencia del cuerpo y del alma, ni consideró al hombre espíritu puro, ajeno y superior a su carne mortal; y los psicólogos y los artistas aprendieron de la teología aquella sutil y honda distinción entre el sentir y el consentir, que da asunto a tanto dramático conflicto inmortalizado por el arte.

¡Qué horizontes tan vastos abre a la literatura esta concepción mixta de la voluntad humana!

Cualquiera pensará que nos hemos ido a mil leguas de Zola y del naturalismo; pues no es así; ya estamos de vuelta. El fatalismo vulgar, el determinismo providencialista de Epicteto y Lutero, los trasladó Zola a la región literaria, vistiéndoles ropaje científico moderno.

Mostraremos cómo.

Si al hablar de la teoría naturalista la personifico en Zola, no es porque sea el único a practicarla, sino porque la ha formulado clara y explícitamente en siete tomos de estudios crítico-literarios, sobre todo en el que lleva por título La Novela Experimental. Declara allí que el método del novelista moderno ha de ser el mismo que prescribe Claudio Bernard al médico en su Introducción al Estudio de la Medicina Experimental; y afirma que en todo y por todo se refiere a las doctrinas del gran fisiólogo, limitándose a escribir novelista donde él puso médico. Fundado en estos cimientos, dice que así en los seres orgánicos como en los inorgánicos hay un determinismo absoluto en las condiciones de existencia de los fenómenos. «La ciencia, añade, prueba que las condiciones de existencia de todo fenómeno son las mismas en los cuerpos vivos que en los inertes, por donde la fisiología adquiere igual certidumbre que la química y la física. Pero hay más todavía: cuando se demuestre que el cuerpo del hombre es una máquina, cuyas piezas, andando el tiempo, monte y desmonte el experimentador a su arbitrio, será forzoso pasar a sus actos pasionales e intelectuales, y entonces penetraremos en los dominios que hasta hoy señorearon la poesía y las letras. Tenemos química y física experimentales; en pos viene la fisiología, y después la novela experimental también. Todo se enlaza: hubo que partir del determinismo de los cuerpos inorgánicos para llegar al de los vivos; y puesto que sabios como Claudio Bernard demuestran ahora que al cuerpo humano lo rigen leyes fijas, podemos vaticinar, sin que quepa error, la hora en que serán formuladas a su vez las leyes del pensamiento y de las pasiones. Igual determinismo debe regir la piedra del camino que el cerebro humano. Hasta aquí el texto, que no peca de oscuro, y ahorra el trabajo de citar otros. Tocamos con la mano el vicio capital de la estética naturalista. Someter el pensamiento y la pasión a las mismas leyes que determinan la caída de la piedra; considerar exclusivamente las influencias físico-químicas, prescindiendo hasta de la espontaneidad individual, es lo que se propone el naturalismo y lo que Zola llama en otro pasaje de sus obras «mostrar y poner de realce la bestia humana». Por lógica consecuencia, el naturalismo se obliga a no respirar sino del lado de la materia, a explicar el drama de la vida humana por medio del instinto ciego y la concupiscencia desenfrenada. Se ve forzado el escritor rigurosamente partidario del método proclamado por Zola, a verificar una especie de selección entre los motivos que pueden determinar la voluntad humana, eligiendo siempre los externos y tangibles y desatendiendo los morales, íntimos y delicados: lo cual, sobre mutilar la realidad, es artificioso y a veces raya en afectación, cuando, por ejemplo, la heroína de Una Página de Amor manifiesta los grados de su enamoramiento por los de temperatura que alcanza la planta de sus pies.

Y no obstante, ¿cómo dudar que si la psicología, lo mismo que toda ciencia, tiene sus leyes ineludibles y su proceso causal y lógico no posee la exactitud demostrable que encontramos, por ejemplo, en la física? En física el efecto corresponde estrictamente a la causa: poseyendo el dato anterior tenemos el posterior; mientras en los dominios del espíritu no existe ecuación entre la intensidad de la causa y del efecto, y el observador y el científico tienen que confesar, como lo confiesa Delboeuf (testigo de cuenta, autor de La Psicología Considerada como Ciencia Natural) «que lo psíquico es irreductible a lo físico». En esta materia le ha sucedido a Zola una cosa que suele ocurrir a los científicos de afición: tomó las hipótesis por leyes, y sobre el frágil cimiento de dos o tres hechos aislados erigió un enorme edificio. Tal vez imaginó que hasta Claudio Bernard nadie había formulado las admirables reglas del método experimental, tan fecundas en resultados para las ciencias de la naturaleza. Hace rato que nuestro siglo aplica esas reglas, madres de sus adelantos. Zola quiere sujetar a ellas el arte, y el arte se resiste, como se resistiría el alado corcel Pegaso a tirar de una carreta; y bien sabe Dios que esta comparación no es en mi ánimo irrespetuosa para los hombres de ciencia; solo quiero decir que su objeto y caminos son distintos de los del artista.

Y aquí conviene notar el segundo error de la estética naturalista, error curioso que en mi concepto debe atribuirse también a la ciencia mal digerida de Zola. Después de predecir el día en que, habiendo realizado los novelistas presentes y futuros gran cantidad de experiencias, ayuden a descubrir las leyes del pensamiento y la pasión, anuncia los brillantes destinos de la novela experimental, llamada a regular la marcha de la sociedad, a ilustrar al criminalista, al sociólogo, al moralista, al gobernante... Dice Aristófanes en sus Ranas: «He aquí los servicios que en todo tiempo prestaron los poetas ilustres: Orfeo enseñó los sacros misterios y el horror al homicidio; Museo, los remedios contra enfermedades y los oráculos; Hesíodo, la agricultura, el tiempo de la siembra y recolección; y al divino Homero ¿de dónde le vino tanto honor y gloria, sino de haber enseñado cosas útiles, como el arte de las batallas, el valor militar, la profesión de las armas?...». Ha llovido desde Aristófanes acá. Hoy pensamos que la gloria y el honor del divino Homero consisten en haber sido un excelso poeta: el arte de las batallas es bien diferente ahora de lo que era en los días de Agamenón y Aquiles, y la belleza de la poesía homérica permanece siempre nueva e inmutable.

El artista de raza (y no quiero negar que lo sea Zola, sino observar que sus pruritos científicos le extravían en este caso) nota en sí algo que se subleva ante la idea utilitaria que constituye el segundo error estético de la escuela naturalista. Este error lo ha combatido más que nadie el mismo Zola, en un libro titulado Mis Odios (anterior a La Novela Experimental), refutando la obra póstuma de Proudhon, Del Principio del Arte y de su Función Social. Es de ver a Zola indignado porque Proudhon intenta convertir a los artistas en una especie de cofradía de menestrales que se consagra al perfeccionamiento de la humanidad, y leer cómo protesta en nombre de la independencia sublime del arte, diciendo con donaire que el objeto del escritor socialista es sin duda comerse las rosas en ensalada. No hay artista que se avenga a confundir así los dominios del arte y de la ciencia: si el arte moderno exige reflexión, madurez y cultura, el arte de todas las edades reclama principalmente la personalidad artística, lo que Zola, con frase vaga en demasía, llama el temperamento. Quien careciere de esa quisicosa, no pise los umbrales del templo de la belleza, porque será expulsado.

Puede y debe el arte apoyarse en las ciencias auxiliares; un escultor tiene que saber muy bien anatomía, para aspirar a hacer algo más que modelos anatómicos. Aquel sentimiento inefable que en nosotros produce la belleza, sea él lo que fuere y consista en lo que consista, es patrimonio exclusivo del arte. Yerra el naturalismo en este fin útil y secundario a que trata de enderezar las fuerzas artísticas de nuestro siglo, y este error y el sentido determinista y fatalista de su programa, son los límites que él mismo se impone, son las ligaduras que una fórmula más amplia ha de romper.

III. Seguimos filosofando

Tal cual la expone Zola, adolece la estética naturalista de los defectos que ya conocemos. Algunos de sus principios son de grandes resultados para el arte; pero existe en el naturalismo, considerado como cuerpo de doctrina, una limitación, un carácter cerrado y exclusivo que no acierto a explicar sino diciendo que se parece a las habitaciones bajas de techo y muy chicas, en las cuales la respiración se dificulta. Para no ahogarse hay que abrir la ventana: dejemos circular el aire y entrar la luz del cielo.

Si es real cuanto tiene existencia verdadera y efectiva, el realismo en el arte nos ofrece una teoría más ancha, completa y perfecta que el naturalismo. Comprende y abarca lo natural y lo espiritual, el cuerpo y el alma, y concilia y reduce a unidad la oposición del naturalismo y del idealismo racional. En el realismo cabe todo, menos las exageraciones y desvaríos de dos escuelas extremas, y por precisa consecuencia, exclusivistas.

Un hecho solo basta a probar la verdad de esto que afirmo. Por culpa de su estrecha tesis naturalista, Zola se ve obligado a desdeñar y negar el valor de la poesía lírica. Pues bien; para la estética realista vale tanto el poeta lírico más subjetivo e interior como el novelista más objetivo. Uno y otro dan forma artística a elementos reales. ¿Qué importa que esos elementos los tomen de dentro o de fuera, de la contemplación de su propia alma o de la del mundo? Siempre que una realidad —sea del orden espiritual o del material— sirva de base al arte, basta para legitimarlo.

Citemos cualquier poeta lírico, el menos exterior, lord Byron o Enrique Heine. Sus poesías son una parte de ellos mismos: esas quejas y tristezas y amarguras, ese escepticismo desconsolador, lo tuvieron en el alma antes de convertirlo en lindos versos: no hay duda que es un elemento real, tan real, o más, si se quiere, que lo que un novelista pueda averiguar y describir de las acciones y pensamientos del prójimo: ¿quién refiere bien una enfermedad sino el enfermo? Y aun por eso resultan insoportables los imitadores en frío de estos poetas tristes; son como el que remedase quejidos de dolor, no doliéndole nada. El gran poeta Leopardi es un caso de los más característicos de lo que puede llamarse realidad poética interior. Las penas de su edad viril, la condición de su familia, la dureza de la suerte, sus estudios de humanidades y hasta los miedos que pasó de niño en una habitación oscura, todo está en sus poesías, como indeleble sello personal, de tal modo que, si suponemos a Leopardi viviendo en diferentes condiciones de las que vivió, ya no se concibe la mayor parte de sus versos. Y digo yo: ¿no es justísimo que quepa en la ancha esfera de la realidad una obra de arte donde el autor pone la médula de sus huesos y la sangre de su corazón, por decirlo así? Aun suponiendo, y es mucho suponer, que el poeta lírico no expresase sino sus propios e individuales sentimientos, y que éstos pareciesen extraños, ¿no es la excepción, el caso nuevo y la enfermedad desconocida lo que más importa a la curiosidad científica del médico observador?

Pero si todas las obras de arte que se fundan en la realidad caben dentro de la estética realista, algunas hay que cumplen por completo su programa, y son aquellas donde tan perfectamente se equilibran la razón y la imaginación, que atraviesan las edades viviendo vida inmortal. Las obras maestras universalmente reconocidas como tales, tienen todas carácter anchamente realista: así los poemas de Homero y Dante, los dramas de Shakespeare, el Quijote y el Fausto. La Biblia, considerada literariamente, dejando aparte su autoridad sagrada, es la epopeya más realista que se conoce.

A fin de esclarecer esta teoría, diré algo del idealismo, para que no pesen sobre el naturalismo todas las censuras y se vea que tan malo es caerse hacia el Norte como hacia el Sur. Y ante todo conviene saber que el idealismo está muy en olor de santidad, goza de excelente reputación y se cometen infinitos crímenes literarios al amparo de su nombre: es la teoría simpática por excelencia, la que invocan poetas de caramelo y escritores amerengados; el que se ajusta a sus cánones pasa por persona de delicado gusto y alta moralidad; por todo lo cual debe tratársele con respeto y no tomar la exposición de sus doctrinas de ningún zascandil. Busquémosla, pues, en Hegel y sus discípulos, donde larga y hondamente se contiene.

Entre naturalistas e idealistas hay el mismo antagonismo que entre Lutero y Pelagio. Si Zola niega en redondo el libre arbitrio, Hegel lo extiende tanto, que todo está en él y sale de él. Para Zola, el universo físico hace, condiciona, dirige y señorea el pensamiento y voluntad del hombre; para Hegel y sus discípulos ese universo no existe sino mediante la idea. ¿Qué digo ese universo? Dios mismo solo es en cuanto es idea; y el que se asuste de este concepto será, según el hegeliano Vera, un impío o un insensato (a escoger). ¿Y qué se entiende por idea? La idea, en las doctrinas de Hegel, es principio de la naturaleza y de todos los seres en general, y la palabra Dios no significa sino la idea absoluta o el absoluto pensamiento. Consecuencias estéticas del sistema hegeliano. En opinión de Hegel, la esfera del arte es «una región superior, más pura y verdadera que lo real, donde todas las oposiciones de lo finito y de lo infinito desaparecen; donde la libertad, desplegándose sin límites ni obstáculos, alcanza su objeto supremo» Con este aleteo vertiginoso ya parece que nos hemos apartado de la tierra y que nos hallamos en las nubes, dentro de un globo aerostático. Espacios a la derecha, espacios a la izquierda, y en parte alguna suelo donde sentar los pies. Y es lo peor del caso que semejante concepción trascendental del arte la presenta Hegel con tal profundidad dialéctica, que seduce. Lo cierto es que con esa libertad pelagiana que se despliega sin límites ni obstáculos, y con ese universo construido de dentro a fuera, cada artista puede dar por ley del arte su ideal propio, y decir, parodiando a Luis XIV: «La estética soy yo». «El arte —enseña Hegel— restituye a aquello que en realidad está manchado por la mezcla de lo accidental y exterior, la armonía del objeto con su verdadera idea, rechazando todo cuanto no corresponda con ella en la representación; y mediante esta purificación produce lo ideal, mejorando la naturaleza, como suele decirse del pintor retratista». Ya tiene el arte carta blanca para enmendarle la plana a la naturaleza y forjar «el objeto», según le venga en talante a «la verdadera idea».

Pongamos ejemplos de estas correcciones a la naturaleza, tomándolos de algún escritor idealista. Gilliatt, el héroe de *Los trabajadores del mar* de Víctor Hugo, es en realidad un hombre rudo, que casualmente se prenda de una muchacha y se ofrece a desempeñar un trabajo hercúleo para obtener su mano. Nada más natural y humano, en cierto modo, que este asunto. Pero, por medio del procedimiento de Hegel, el hombre se va agigantando, convirtiéndose en un titán; sostiene lucha colosal con los elementos desencadenados, con los monstruos marinos, venciéndolos, por supuesto; por si no basta, concluye siendo mártir sublime, y el autor decreta su apoteosis.

Sin salir de esta misma novela, *Los trabajadores del mar*, aún encontramos otro personaje más conforme que Gilliatt con las leyes de la estética idealista: el pulpo. Pulpos sin enmienda los vemos a cada paso en nuestra costa cantábrica; cuando aplican sus ventosas a la pierna de un bañista o de un marinero, basta por lo regular una sacudida ligera para soltarse; por acá, el inofensivo cefalópodo se come cocido, y es manjar sabroso, aunque algo coriáceo. Pero éstos son los pulpos tal cual Dios los crió, la apariencia sensible del pulpo, que diría un hegeliano; lo real del pulpo, o sea su idea, es lo que Víctor Hugo aprovechó para dramatizar la acción de Los Trabajadores. Allí el pulpo ideal, o la idea que se oculta bajo la forma del pulpo, crece, no solo física, sino moralmente, hasta medir tamaño desmesurado: el pulpo es la sombra, el pulpo es el abismo, el pulpo es Lucifer. Así se corrige a la naturaleza.

Un héroe idealista de muy diversa condición que Gilliatt es el Rafael de Lamartine. Éste no representa la fuerza y la abnegación, no es el león-cordero, sino la poesía, la melancolía, el amor insondable e infinito, el estado de ensueño perpetuo. Complácese el autor en describir la lindeza de Rafael, muy semejante a la del de Urbino, y además le atribuye las cualidades siguientes: «Si Rafael fuese pintor —dice— pintaría la Virgen de Foligno; si manejase el cincel, esculpiría la Psiquis de Canova; si fuese poeta hubiera escrito los apóstrofes de Job a Jehová, las estancias de la Herminia del Tasso, la conversación de Romeo y Julieta a la luz de la Luna, de Shakespeare, el retrato de Hydea, de lord Byron...». Ustedes creerán que Rafael se conforma con pintar lo mismo que su homónimo, esculpir como Canova y poetizar como Job, el Tasso, Shakespeare y Byron en una pieza. ¡Quiá! El autor añade que, puesto en tales y cuáles circunstancias, Rafael hubiese tendido a todas las cimas, como César, hablado como Demóstenes y muerto como Catón. Así se compone un héroe idealista de la especie sentimental. ¡Cuán preferible es retratar un ser humano, de carne y hueso, a fantasear maniquíes!

Los hombres de extraordinario talento suelen poseer la virtud de la lanza de Aquiles para curar las heridas que abren. En la Poética de Hegel doy con un párrafo que es el mejor programa de la novela realista. «Por lo que hace a la representación, la novela propiamente dicha exige también, como la epopeya, la pintura de un mundo entero y el cuadro de la vida, cuyos numerosos materiales y variado fondo se encierren en el círculo de la acción particular que es centro del conjunto. En cuanto a las condiciones especiales de concepción y ejecución, hay que otorgar al poeta ancho campo, tanto más libre, cuanto menos puede, en este caso, eliminar de sus descripciones la prosa de la vida real, sin que por eso él haya de mostrarse vulgar ni prosaico». Si se tiene en cuenta la época en que Hegel escribió esto, cuando la novela analítica era la excepción, es más de admirar la exactitud de la apreciación independiente del sistema general hegeliano, como lo es también en cierto modo lo que dice acerca del fin y propósito del arte. En este terreno lleva inmensa ventaja a Zola: para Hegel, el arte es objeto propio de sí mismo, y referirlo a otra cosa, a la moral, por ejemplo, es desviarlo de su camino verdadero.

«El objeto del arte —declara el filósofo de Stuttgart— es manifestar la verdad bajo formas sensibles, y cualquiera otro que se proponga, como la instrucción, la purificación, el perfeccionamiento moral, la fortuna, la gloria, no conviene al arte considerado en sí». El error que aquí nos sale al paso es que Hegel, al decir verdad, sobreentiende idea, pero al menos no saca a la belleza de su terreno propio; no confunde, como Zola, los fines del arte y de las ciencias morales y políticas.

El idealismo está representado en literatura por la escuela romántica, que Hegel consideraba la más perfecta, y en la cual cifraba el progreso artístico. Esta escuela, que tanto brilló en nuestro siglo, fue al principio piedra de escándalo, como lo es el naturalismo ahora. Sus instructivas vicisitudes merecen capítulo aparte.

IV. Historia de un motín

Allá por los años de 1829, el conde Alfredo de Vigny, escritor delicado cuya aspiración era encerrarse en una torre de marfil para evitar el contacto del vulgo, dio al Teatro Francés la traducción y arreglo del *Otelo* de Shakespeare. Esta tragedia y las mejores del gran dramático inglés se conocían en Francia ya, merced a las adaptaciones de Ducis, que en 1792 había aderezado el *Otelo* al gusto de la época, con dos desenlaces distintos, uno el de Shakespeare, y otro «para uso de las almas sensibles». No juzgó el conde de Vigny necesarias tales precauciones, aunque sí atenuó en muchos pasajes la crudeza shakesperiana; gracias a lo cual el público se mostró resignado durante los primeros actos, y hasta aplaudió de tiempo en tiempo. Pero al llegar a la escena en que el moro, frenético de celos, pide a Desdémona el pañuelo bordado que le entregara en prenda de amor, la palabra pañuelo (mouchoir), traducción literal de la inglesa handkerchief produjo en el auditorio una explosión de risas, silbidos, pateos y chicheos. Esperaban los espectadores algún circunloquio, alguna perífrasis alambicada, como cándido cendal o cosa por el estilo, que no ofendiese sus cultas orejas; y al ver que el autor se tomaba la libertad de decir pañuelo a secas, armaron tal escándalo, que el teatro se caía.

Formaba parte Alfredo de Vigny de una escuela literaria entonces naciente, que venía a innovar y a transformar por completo la literatura. Dominaba el clasicismo a la sazón, no solo en las esferas oficiales, sino en el gusto y opinión general, como lo demuestra la anécdota del pañuelo. ¡Tan mínima licencia causar tan terrible espanto! Es que lo que hoy nos parece leve, a la sazón era gravísimo. Las letras, a fuerza de inspirarse en los modelos clásicos, de sujetarse servilmente a las reglas de los preceptistas, y de pretender majestad, prosopopeya y elegancia, habían llegado a tal extremo de decadencia, que se juzgaba delito la naturalidad, y sacrilegio llamar a las cosas por su nombre, y las nueve décimas partes de las palabras francesas se hallaban proscritas a pretexto de no profanar la nobleza del estilo. Por eso el gran poeta que capitaneó la renovación literaria, Víctor Hugo, dijo en las *Contemplaciones*. «¡No haya desde hoy más vocablos patricios ni plebeyos! Suscitando una tempestad en el fondo de mi tintero, mezclé la negra multitud de las palabras con el blanco enjambre de las ideas, y exclamé: ¡De hoy más no existirá palabra en que no pueda posarse la idea bañada de éter!».

Una literatura que, como el clasicismo de principios del siglo, mermaba el lenguaje, apagaba la inspiración y se condenaba a imitar por sistema, había de ser forzosamente incolora, artificiosa y pobre; y los románticos, que venían a abrir nuevas fuentes, a poner en cultura terrenos vírgenes, llegaban tan a tiempo como apetecida lluvia sobre la tierra desecada. Aunque al pronto el público se alborotase y protestase, tenía que acabar por abrirle los brazos. Es curioso que las acusaciones dirigidas al romanticismo incipiente se parezcan como un huevo a otro a las que hoy se lanzan contra el realismo. Leer la crítica del romanticismo hecha por un clásico, es leer la del realismo por un idealista. Según los clásicos, la escuela romántica buscaba adrede lo feo, sustituía lo patético con lo repugnante, la pasión con el instinto; registraba los pudrideros, sacaba a luz las llagas y úlceras más asquerosas, corrompía el idioma y empleaba términos bajos y viles. ¿No diría cualquiera que el objeto de esta censura es *L'Assommoir*?

Sin arredrarse, proseguían los románticos su formidable motín. En Inglaterra, Coleridge, Carlos Lamb, Southey, Wordsworth, Walter Scott, rompían con la tradición, desdeñaban la cultura clásica y preferían a La *Eneida* una balada antigua, y a Roma la Edad Media. En Italia, la renovación dramática procedía del romanticismo, por medio de Manzoni. Alemania, verdadera cuna de la literatura romántica, la poseía ya riquísima y triunfante. España, harta de poetas sutiles y académicos, también se abrió gustosísima al cartaginés, que traía las manos llenas de tesoros. Pero en ninguna parte fue el romanticismo tan fértil, militante y brioso como en Francia. Solo por aquel brillante y deslumbrador período literario merecen nuestros vecinos la legítima influencia, que no es posible disputarles, y que ejercen en la literatura de Europa».

¡Magnífica expansión, rico florecimiento del ingenio humano! Solo puede compararse a otra gran época intelectual: la de esplendor de la filosofía escolástica. Y tiene de notable haber sido mucho más corta: nacido el romanticismo después que el siglo XIX, un gran crítico, Sainte-Beuve, habló de él en 1848 como de cosa cerrada y concluida, declarando que el mundo pertenecía ya a otras ideas, otros sentimientos, otras generaciones. Fue un relámpago de poesía, de belleza y de encendida claridad, al cual se le puede aplicar la estrofa de Núñez de Arce:

> ¡Qué espontáneo y feliz renacimiento!
> ¡Qué pléyade de artistas y escritores!
> En la luz, en las ondas, en el viento
> Hallaba inspiración el pensamiento,
> Gloria el soldado y el pintor colores.

Un individuo de la falange francesa, Dovalle, muerto en desafío a la edad de veintidós años, aconsejaba así al poeta romántico: «Ardiendo en amor y penetrado de armonías, deja brotar tus inflamados versos, y fogoso y libre pide a tu genio cantos nuevos e independientes. Si el cielo te disputa la sagrada chispa, vuela atrevido a robársela. ¡Vuela, mancebo! Sí, acuérdate de Ícaro: ¡él cayó, pero logró ver el cielo!».

Aunque del movimiento romántico francés descartemos a algunos de sus representantes que, como Alfredo de Musset y Balzac, no le pertenecen del todo y corresponden en rigor a distinta escuela, le queda una cantidad tal de nombres célebres, que bastan a enriquecer, no algunos lustros, sino un par de siglos. Chateaubriand —hoy desdeñado más de lo justo—; el suave y melodioso Lamartine; Jorge Sand; Teófilo Gautier, tan perfecto en la forma; Víctor Hugo, coloso que aún se mantiene de pie; Agustín Thierry, primer historiador artista, son suficientes para ello, sin contar los muchos autores, quizá secundarios, pero de indisputable valía, que dan señal evidente de la fecundidad de una época y pulularon en el romanticismo francés; Vigny, Mérimée, Gerardo de Nerval, Nodier, Dumas, y, en fin, una bandada de dulces y valientes poetisas, de poetas y narradores originales que fuera prolijo citar. Teatro, poesía, novela, historia, todo se vio instaurado, regenerado y engrandecido por la escuela romántica.

Nosotros, los del lado acá del Pirineo, satélites —mal que nos pese— de Francia, recordamos también la época romántica como fecha gloriosa, experimentamos todavía su influencia y tardaremos bastante en eximirnos de ella. Diónos el romanticismo a Zorrilla, que fue como el ruiseñor de nuestra aurora al par que el lucero melancólico de nuestro ocaso: místicos arpegios, notas de guzla, serenatas árabes, medrosas leyendas cristianas, la poesía del pasado, la riqueza de las formas nuevas, todo lo expresó el poeta castellano con tan inagotable vena, con tan sonora versificación, con tan deleitable y nunca escuchada música, que aun hoy... ¡que lo tenemos tan lejos ya!, parece que su dulzura nos suena dentro, en el alma. A su lado, Espronceda alza la byroniana frente; y el soldado poeta, García Gutiérrez, coge tempranos laureles que solo le disputa Hartzenbusch, el duque de Rivas satisface la exigencia histórico-pintoresca en sus romances, y Larra, más romántico en su vida que en sus obras, con agudo humorismo, con zumbona ironía, indica la transición del período romántico al realista. Mucho antes de que empezase a verificarse, aunque determinada por la francesa, nuestra revolución literaria tuvo carácter propio: nada nos faltó: andando el tiempo, si no poseímos un Heine y un Alfredo de Musset, nos nacieron Campoamor y Bécquer.

Mas el teatro del combate decisivo, importa repetirlo, fue Francia. Allí hubo ataque impetuoso por parte de los disidentes, y tenaz resistencia por la de los conservadores. Baour-Lormian, en una comedia titulada El Clásico y el Romántico, establecía la sinonimia de clásico y hombre de bien, de romántico y pillo: y siguiendo sus huellas, siete literatos clásicos netos elevaron a Carlos X una exposición donde le rogaban que toda pieza contaminada de romanticismo fuese excluida del Teatro Francés, a lo cual el rey contestó, con muy buen acuerdo, que en materia de poesía dramática él no tenía más autoridad que la de espectador, ni más puesto que el asiento que ocupaba.

A su vez los románticos provocaban la lucha, retaban al enemigo, y se mostraban díscolos y sediciosos hasta lo sumo. Reíanse a mandíbula batiente de las tres unidades de Aristóteles; mandaban a paseo los preceptos de Horacio y Boileau (sin ver que muchos de ellos son verdades evidentes dictadas por inflexible lógica, y que el preceptista no pudo inventar, como ningún matemático inventa los axiomas fundamentales, primeros principios de la ciencia), y se divertían en chasquear a los críticos que les eran adversos, como ingeniosamente lo hizo Carlos Nodier. Este docto filólogo y elegante narrador publicó una obra titulada Smarra, y los críticos, tomándola por engendro romántico, la censuraron acerbamente. ¡Cuál no sería su sorpresa al enterarse de que Smarra se componía de pasajes traducidos de Homero, Virgilio, Estacio, Teócrito, Catulo, Luciano, Dante, Shakespeare y Milton!

Hasta en los pormenores de indumentaria querían los románticos manifestar independencia y originalidad, sin cuidarse de evitar la extravagancia. Son proverbiales y características las melenas de entonces, y famoso el traje con que Teófilo Gautier asistió al memorable estreno del *Hernani* de Víctor Hugo. Componíase el traje en cuestión de chaleco de raso cereza, muy ajustado, a manera de coleto, pantalón verde pálido con franja negra, frac negro con solapas de terciopelo, sobretodo gris forrado de raso verde, y a la garganta una cinta de moiré, sin asomos de tirilla ni cuello blanco. Semejante atavío, escogido adrede para escandalizar a los pacíficos ciudadanos y a los clásicos asombradizos, produjo casi tanto efecto como el drama.

No se limitaba el romanticismo a la literatura: trascendía a las costumbres. Es una de sus señas particulares haber puesto en moda ciertos detalles, ciertas fisonomías, las damiselas pálidas y con tirabuzones, los héroes desesperados y en último grado de tisis, la orgía y el cementerio. Varió totalmente el concepto que se tenía de literato: éste era por lo general, en otros tiempos, persona inofensiva, apacible, de retirado y estudioso vivir: desde el advenimiento del romanticismo se convirtió en calavera misántropo, al cual las musas ator-mentaban en vez de consolarle, y que ni andaba, ni comía, ni se conducía en nada como el resto del género humano, encontrándose siempre cercado de aventuras, pasiones y disgustos profundísimos y misteriosos. Y que no todo era ficticio en el tipo romántico, lo prueba la azarosa vida de Byron, el precoz hastío de Alfredo Musset, la demencia y el suicidio de Gerardo de Nerval, las singulares vicisitudes de Jorge Sand, las volcánicas pasiones y trágico fin de Larra, los desahogos y vehemencias de Espronceda. No hay vino que no se suba a la cabeza si se bebe con exceso, y la ambrosía romántica fue sobrado embriagadora para que no se trastornasen los que la gustaban en la copa divina del arte.

¡Tiempos heroicos de la literatura moderna! Solo la ciega intolerancia podrá desconocer su valor y considerarlos únicamente como preparación para la edad realista que empieza. Y no obstante, al llamar a la vida artística lo feo y lo bello indistintamente, al otorgar carta de naturaleza en los dominios de la poesía a todas las palabras, el romanticismo sirvió la causa de la realidad. En vano protestó Víctor Hugo declarando que vallas infranqueables separan a la realidad según el arte, de la realidad según la naturaleza. No impedirá esta

restricción calculada que el realismo contemporáneo, y aun el propio naturalismo, se funden y apoyen en principios proclamados por la escuela romántica.

V. Estado de la atmósfera

Lo que se ve claramente al estudiar el romanticismo y fijar en él una mirada desapasionada, es que tenía razón Sainte-Beuve; que su vida fue tan corta como intensa y brillante, y que desde mediados del siglo ha muerto, dejando numerosa descendencia. Porque la clausura del período romántico no se debió a que aquel clasicismo rancio y anémico de otros días resucitase para imperar de nuevo; ni semejantes restauraciones caben en los dominios de la inteligencia, ni el entendimiento humano es ningún costal que se vacíe cuando está muy lleno, quedando encima lo de abajo, como suele decirse de las modas. Acertaba Madama Staël al declarar que ni el arte ni la naturaleza reinciden con precisión matemática; solo vuelve y es restaurado lo que sobrevive a la crítica y cuela al través de su fino tamiz; así del clasicismo renacen hoy cosas realmente buenas y bellas que en él hubo, o que por lo menos, si no son buenas y bellas, están en armonía con las exigencias de la época presente y del actual espíritu literario. Lo propio sucede al romanticismo: de él sobrevive cuanto sobrevivir merece, mientras sus exageraciones, extravíos y delirios pasaron como torrente de lava, abrasando el suelo y dejando en pos inútil escoria. Una literatura nueva, que ni es clásica ni romántica, pero que se origina de ambas escuelas y propende a equilibrarlas en justa proporción, va dominando y apoderándose de la segunda mitad del siglo XIX. Su fórmula no se reduce a un eclecticismo dedicado a encolar cabezas románticas sobre troncos clásicos, ni a un sincretismo que mezcle, a guisa de legumbres en menestra, los elementos de ambas doctrinas rivales. Es producto natural, como el hijo en quien se unen substancialmente la sangre paterna y la materna, dando por fruto un individuo dotado de espontaneidad y vida propia.

Me parece ocioso insistir en demostrar lo que no puede ni discutirse, a saber, que existen formas literarias recientes, y que las antiguas decaen y se extinguen poco a poco. Sería estudio curioso el de la disminución gradual de la influencia romántica, no solo en las letras, sino en las costumbres. Sin rasgar el velo que cubre la vida privada, considero fácil poner de relieve el notable cambio que han sufrido los hábitos literarios y el estado de ánimo de los escritores. Desde hace algunos años calmóse la efervescencia de los cerebros, atenuóse aquella irritabilidad enfermiza, o subjetivismo, que tanto atormentaba a Byron y Espronceda, y entramos en un período de mayor serenidad y sosiego. Nuestros grandes autores y poetas contemporáneos viven como el resto de los mortales; sus pasiones —si es que las experimentan— laten escondidas en el fondo de su alma, y no se desbordan en sus libros ni en sus versos; el suicidio perdió prestigio a sus ojos, y no lo buscan ni en el exceso de desordenados placeres ni en ningún pomo de veneno o arma mortífera. En vestir, en habla y conducta, son idénticos a cualquiera, y el que por la calle se tropiece con Núñez de Arce o Campoamor sin conocerlos, dirá que ha visto dos caballeros bien portados, el uno de pelo blanco, el otro algo descolorido, que no tienen nada de particular. Todo París conoce la existencia burguesa y metódica de Zola, encariñadísimo con su familia; y si no fuera que siempre comete indiscreción quien descubre intimidades del hogar, por inocentes que sean, yo añadiría en este respecto, al nombre del novelista francés, algunos muy ilustres en España.

Lo cual no quiere decir que se haya concluido la vaga tristeza, la contemplación melancólica, el soñar cosas diferentes de las que nos ofrece la realidad tangible, el descontento y sed del alma y otras enfermedades que solo aquejan a espíritus altos y poderosos, o tiernos y delicados. ¡Ah, no por cierto! Esa poesía interior no se agotó: lo proscrito es su manifestación inoportuna, afectada y sistemática. Los soñadores proceden hoy como aquellos frailecitos humildes y santas monjas que, al desempeñar los menesteres de la cocina o barrer el claustro, sabían muy bien traer el pensamiento embebecido en Dios, sin que por fuera pareciese sino que atendían enteramente al puchero y a la escoba. No es nuestra edad tan positiva como aseguran gentes que la miran por alto, ni hay siglo en que la condición humana se mude del todo y el hombre encierre bajo doble llave algunas de sus facultades, usando solo de las que le place dejar fuera. La diferencia consiste en que el romanticismo tuvo ritos, a los cuales, en el año de 1882, nadie se sujetaría sin que le retozase la risa en el cuerpo. Si en el estreno del drama más discutido de Echegaray se presentase alguien con el estrafalario atavío de Teófilo Gautier en *Hernani*, puede que lo mandasen a Leganés.

Ahora bien: si el romanticismo ha muerto y el clasicismo no ha resucitado, será que la literatura contemporánea encontró otros moldes, como suele decirse, que le vienen más cabales o más anchos. Tengo por difícil juzgar ahora estos moldes: indudablemente es temprano: no somos aún la posteridad, y quizá no acertaríamos a manifestarnos imparciales y sagaces. Solo es lícito indicar que una tendencia general, la realista, se impone a las letras, aquí contrastada por lo que aún subsiste del espíritu romántico, allá acentuada por el naturalismo, que es su nota más aguda, pero en todas partes vigorosa y dominante ya, como lo prueba el examen de la producción literaria en Europa.

De la generación romántica francesa solo queda en pie Víctor Hugo materialmente, porque vive; moralmente hace tiempo que no se cuenta con él; sus últimas obras no se pueden leer con gusto, ni casi con paciencia, y los autores franceses cuya celebridad atraviesa el Pirineo y los Alpes esparciéndose por todo el mundo civilizado, son realistas y naturalistas. Inglaterra ha visto caer uno a uno los colosos de su período romántico, Byron, Southey, Walter Scott, y venir a reemplazarlos una falange de realistas de talento singular: Dickens, que se paseaba por las calles de Londres días enteros anotando en su cartera lo que oía, lo que veía, las menudencias y trivialidades de la vida cotidiana; Thackeray, que continuó las vigorosas pinturas de Fielding; y por último, como corona de este renacimiento del genio nacional, Tennyson, el poeta del home, el cantor de los sentimientos naturales y apacibles, de la familia, de la vida doméstica y del paisaje tranquilo. España... ¿Quién duda que también España propende, si no tan resueltamente como Inglaterra, por lo menos con fuerza bastante, a recobrar en literatura su carácter castizo y propio, más realista que otra cosa? Se han establecido de algún tiempo acá corrientes de purismo y arcaísmo, que si no se desbordan, serán muy útiles y nos pondrán en relación y contacto con nuestros clásicos, para que no perdamos el gusto y sabor de Cervantes, Hurtado y Santa Teresa. No solo los escritores primorosos y un tanto amanerados, como Valera, sino los que escriben libremente, *ex toto corde*, como Galdós, desempolvan, limpian de orín y dan curso a frases añejas, pero adecuadas, significativas y hermosas. Y no es únicamente la forma, el estilo, lo que va haciéndose cada vez más nacional en los escritores de nota; es el fondo y la índole de sus producciones. Galdós con los admirables *Episodios* y las *Novelas contemporáneas*, Valera con sus elegantes novelas andaluzas, Pereda con sus frescas narraciones montañesas, llevan a cabo una restauración, retratan nuestra vida histórica, psicológica, regional; escriben el poema de la moderna España. Hasta Alarcón, el novelista que más conserva las tradiciones románticas, luce entre sus obras un precioso capricho de Goya, un cuento español por los cuatro costados, *El sombrero de tres picos*. La patria va reconciliándose consigo misma por medio de las letras.

En resumen, la literatura de la segunda mitad del siglo XIX, fértil, variada y compleja, presenta rasgos característicos: reflexiva, nutrida de hechos, positiva y científica, basada en la observación del individuo y de la sociedad, profesa a la vez el culto de la forma artística, y lo practica, no con la serena sencillez clásica, sino con riqueza y complicación. Si es realista y naturalista, es también refinada; y como a su perspicacia analítica no se esconde ningún detalle, los traslada prolijamente, y pule y cincela el estilo.

Nótase en ella cierto renacimiento de las nacionalidades, que mueve a cada pueblo a convertir la mirada a lo pasado, a estudiar sus propios excelsos escritores, y a buscar en ellos aquel perfume peculiar o inexplicable que es a las letras de un país lo que a ese mismo país su cielo, su clima, su territorio. Al par se observa el fenómeno de la imitación literaria, la influencia recíproca de las naciones, fenómeno ni nuevo ni sorprendente, por más que alardeando de patriotismo lo condenen algunos con severidad irreflexiva.

La imitación entre naciones no es caso extraordinario, ni tan humillante para la nación imitadora como suele decirse. Prescindamos de los latinos, que calcaron a los griegos; nosotros hemos imitado a los poetas italianos; Francia a su vez imitó nuestro teatro, nuestra novela: uno de sus autores más célebres, admirado por Walter Scott, Lesage, escribió el *Gil Blas*, *El bachiller de Salamanca*, y *El diablo cojuelo*, pisando las huellas de nuestros escritores del género picaresco; en el período romántico, Alemania brindó inspiración a los franceses, que a su vez influyeron notablemente en Heine; y esto fue de modo que si cada nación hubiese de restituir lo que le prestaron las demás, todas quedarían, si no arruinadas, empobrecidas cuando menos. A propósito de imitación decía Alfredo de Musset con su donaire acostumbrado: «Acúsanme de que tomé a Byron por modelo. ¿Pues no saben que Byron imitaba a Pulci? Si leen a los italianos, verán cómo los desvalijó. Nada pertenece a nadie, todo pertenece a todos; y es preciso ser ignorante como un maestro de escuela para forjarse la ilusión de que decimos una sola palabra que nadie haya dicho. Hasta el plantar coles es imitar a alguien».

La evolución (no me satisface la palabra, pero no tengo a mano otra mejor) que se verifica en la literatura actual y va dejando atrás al clasicismo y al romanticismo, transforma todos los géneros. La poesía se modifica y admite la realidad vulgar como elemento de belleza: fácil es probarlo con solo nombrar a Campoamor. La historia se apoya cada vez más en la ciencia y en el conocimiento analítico de las sociedades. La crítica dejó de ser magisterio y pontificado, convirtiéndose en estudio y observación incesante. El teatro mismo, último refugio de lo convencional artístico, entreabre sus puertas, si no a la verdad, por lo menos a la verosimilitud invocada a gritos por el público, que si acepta y aplaude bufonadas, magias, pantomimas y hasta fantoches como mero pasatiempo o diversión de los sentidos, en cuanto entiende que una obra escénica aspira a penetrar en el terreno del sentimiento y de la inteligencia, ya no le da tan fácilmente pasaporte. Pero donde más victoriosa se entroniza la realidad, donde está como en su casa, es en la novela, género predilecto de nuestro siglo, que va sobreponiéndose a los restantes, adoptando todas las formas, plegándose a todas las necesidades intelectuales, justificando su título de moderna epopeya. Ya es hora de concretarnos a la novela, puesto que en su campo es donde se produce el movimiento realista y naturalista con actividad extraordinaria.

VI. Genealogía

La forma primaria de la novela es el cuento, no escrito, sino oral, embeleso del pueblo y de la niñez. Cuando al amor de la lumbre, durante las largas veladas de invierno, o hilando su rueca al lado de la cuna, las tradicionales abuela y nodriza refieren en incorrecto y sencillo lenguaje medrosas leyendas o morales apólogos, son... ¡quién lo diría! predecesoras de Balzac, Zola y Galdós.

Pocos pueblos del mundo carecen de estas ficciones. La India fue riquísimo venero de ellas, y las comunicó a las comarcas occidentales, donde por ventura las encuentra algún sabio filólogo y se admira de que un pastor le refiera la fábula sánscrita que leyó el día antes en la colección de Pilpay. Árabes, persas, pieles-rojas, negros, salvajes de Australia, las razas más inferiores e incivilizadas poseen sus cuentos. ¡Cosa rara!: el pueblo escaso de semejante género de literatura es el que nos impuso y dio todos los restantes, a saber, Grecia. Se cree que Esopo hubo de ser esclavo en algún país oriental para traer al suyo los primeros apólogos y fábulas. De novela, ni señales en las épocas gloriosas de la antigüedad clásica. Hasta cuatro siglos antes de nuestra era, cuando tenían ya los griegos sus admirables epopeyas, teatro, poesía lírica, filosofía e historia, no aparece la primer ficción novelesca, la *Ciropedia* de Jenofonte narración moral y política que no carece de analogía con el Telémaco; el período ático —así se llama todo el tiempo en que florecieron las letras helenas— no presenta otro novelista ni otra novela, pues no se sabe que Jenofonte reincidiese. Los chinos, que en todo madrugan, poseyeron novelas desde tiempos remotos; pero como la cultura occidental arranca de Grecia, si quisiésemos rendir homenaje a nuestro primer novelista, tendríamos que celebrar el milenario, o cosa así, de Jenofonte.

Durante el período de decadencia literaria que comenzó en Alejandría, sale a luz en el siglo de Augusto una linda novela pastoral, las *Eubeanas*, de Dión Crisóstomo. ¡No parece sino que la fantasía novelesca estaba aguardando, para manifestarse libremente, la venida del Cristianismo! Y muy a sus anchas debió de volar desde entonces, y mucho abundarían las ficciones descabelladas y las fábulas milesias, cuando en el siglo II Luciano de Samosata escritor escéptico y agudísimo, como quien dice, el Voltaire del paganismo, creyó necesario atacarlas en la misma guisa que Cervantes atacó después los libros de caballería, parodiándolas en dos novelas satíricas, la Historia Verdadera y el Asno.

En efecto, la literatura de aquellos primeros siglos del Cristianismo, si cuenta con alguna buena novela, como *Las Babilonias* de Jámblico, está plagada de patrañas, milagrerías e invenciones fantásticas, de biografías e historias sin pies ni cabeza, de cuentos referentes a Homero, Virgilio y otros poetas y héroes, de Evangelios, leyendas y actas apócrifas, algunas de muy galana invención; por donde se ve que el linaje de las novelas, con no ser tan antiguo como el de otros géneros, puede preciarse de ilustre, ya que un parentesco de afinidad le une a la literatura sagrada. La era de la novela griega concluye con *Dafnis y Cloe*, *Amores de Teagenes y Clariclea*, las narraciones de Aquiles Tacio, las *Efesianas* de Jenofonte de Efeso, las *Cartas de Aristenetes*: género especial de novela erótica donde el paganismo moribundo se complacía en adornar con prolijas guirnaldas y festones el altar arruinado del amor clásico. Sobreviene la Edad Media: cambian personajes, asuntos y escritores; la novela es poema épico, canción de gesta o *fabliau*; sus protagonistas, Jasón, Edipo, los Doce Pares, el rey Artús, Flora y Blancaflor, Lanzarote, Parcival, Guarino, *Tristán e Iseo*; los argumentos, la conquista del Santo Grial, la guerra de Troya, la de Tebas; los autores, troveros o clérigos. Muy rudimentariamente, ya se contenían allí los libros de caballerías y la novela histórica, así como las cróni-cas de los Santos y leyendas doradas encerraban el germen de la novela psi-cológica, de menos acción y movimiento, pero más delicada y sentida. Francia e Inglaterra se llevaron la palma en este género de historias romancescas, de paladines, aventuras, hazañas y maravillas: bien nos desquitamos nosotros en el siglo XVI.

Semejante a los jardines encantados que por arte de magia hacía florecer en lo más crudo del invierno algún alquimista, abriéronse de pronto en nuestra patria los cálices, pintados de gules, sinople y azul, de la literatura andan-tesca. No habían penetrado en España las crónicas y proezas de los héroes carlovingios, los amoríos de Lanzarotes y Tristanes ni los embustes de Merlín, pero en cambio moraba ya entre nosotros, amén del brioso Campeador real, el *Cid* ideal, el caballero perfecto, puro y heroico hasta la santidad; el muy fermoso y nunca bien ponderado Amadís de Gaula, patriarca de la Orden de Caballería, tipo tan caro a nuestra imaginación meridional e hidalga, que ya

54

a principios del siglo XV, los perros favoritos de los magnates castellanos se llamaban Amadís, como ahora se llamarían Bismarck o Garibaldi. ¿Nació el padre Amadís en Portugal o en Castilla? Decídanlo los eruditos: lo cierto es que calentó su cabeza el Sol ibérico, el Sol que derretía los sesos de Alonso Quijano errante por las abrasadoras llanuras manchegas, y que su interminable posteridad, como retoños de oliva, brotó en el campo de las letras españolas. ¡Oh y cuán fecundo himeneo fue aquel del firme y casto Amadís con la incomparable señora Oriana!

Un mundo, un mundo imaginario, poético, dorado, misterioso y extranatural como el que vio el caballero de la Triste Figura en el fondo de la cueva de Montesinos, se alza en pos del hijo del rey Perión de Gaula. Lisuartes, Floriseles y Esferamundis; caballeros del Febo, de la Ardiente Espada de la Selva; hermosísimas doncellas, feridas de punta de amores; dueñas rencorosas o doloridas; reinas y emperatrices de regiones extrañas, de ínsulas remotas, de comarcas antípodas, adonde algún alígero dragón transportaba en un decir Jesús al andante; enanos, jayanes, moros y magos, endriagos y vestiglos, sabios con barbas que les besaban los pies, y princesas encantadas con pelo que les cubría el cuerpo todo; castillos, simas, opulentos camarines, lagos de pez que encerraban ciudades de oro y esmeraldas; cuanto brotó la fantasía de Ariosto, cuanto en melodiosas octavas cantó Torcuato Tasso, lo narraron en prosa castellana, rica, ampulosa, conceptuosa, henchida de retruécanos y tiquis miquis amatorios, García Ordóñez de Montalvo, Feliciano de Silva, Toribio Fernández, Pelayo de Ribera, Luis Hurtado y otros mil noveladores de la falange cuya lectura secó el cerebro de Don Quijote y cuyo estilo parecía de perlas al buen hidalgo. «¡Oh, que quiero —dice una heroína andantesca, la reina Sidonia— dar fin a mis razones por la sinrazón que hago de quejarme de aquel que no la guarda en sus leyes!»

Apresúrate, llega ya, manco glorioso, que haces gran falta en el siglo: ase la péñola y descabézame luego al punto ese ejército de gigantes, que al tocarles tú se volverán inofensivos cueros de vino tinto: hendiráslos de una sola cuchillada, y perdiendo su savia embriagadora, se quedarán aplastados y hueros. ¡Ven, Miguel de Cervantes Saavedra, a concluir con una ralea de escritores disparatados, a abatir un ideal quimérico, a entronizar la realidad, a concebir la mejor novela del mundo!

Notemos aquí un pormenor muy importante. Si bien la novela caballeresca prendió, arraigó y fructificó tan lozana y copiosamente en nuestro suelo, ello es que nos vino de fuera. *Amadís*, en su origen, es una leyenda del ciclo bretón, importada a España por algún fugitivo trovador provenzal. Tirante el blanco, otro libro primitivo andantesco, fue trasladado del inglés al portugués y al lemosín. Las aventuras de los andantes caballeros ocurren en Bretaña, en Gales, en Francia. Aunque diestramente adaptadas sus historias a nuestra habla, y leídas con deleite y hasta con entusiasta furor no pierden jamás un dejo extranjerizo que repugna al paladar nacional. Venga un Cervantes; que escriba en forma de novela una historia llena de verdad y de ingenio, protesta del ingenio patrio contra el falso idealismo y los enrevesados discursos que nos pronuncian héroes nacidos en otros países, y al punto se hará popular su obra, y la celebrarán las damas, y la reirán los pajes, y se leerá en los salones y en las antesalas, y sepultará en el olvido las soñadas aventuras caballerescas: olvido tan rápido y total como ruidosa era su fama y aplauso.

De andar en manos de todo el mundo, pasaron los libros de caballerías a ser objeto de curiosidad. Sus autores eran contemporáneos de Herrera, Mendoza y los Luises. ¿Quién se acuerda hoy de aquellos fecundos novelistas, tan caros a su época? ¿Quién sabe, a no buscarlo exprofeso en un manual de literatura, el nombre del ingenio que compuso, v. gr. Don Cirongilio de Tracia?

No me es posible persuadirme —digan lo que quieran los trascendentalis-tas— a que Cervantes, cuando escribió el *Quijote*, no quiso realmente atacar los libros de caballerías, y matar en ellos una literatura exótica que robaba a la castiza todo el favor del público. Y lo creo así, en primer lugar, porque si la literatura caballeresca no hubiese alcanzado desarrollo y preponderancia alarmante, Cervantes, al combatirla, procedería como su héroe, tomando los carneros por ejércitos, y batiéndose con los molinos de viento; y en segundo, porque juzgando analógicamente, comprendo bien que si un realista contem-poráneo poseyese el talento asombroso de Cervantes, lo emplease en escribir algo contra el género idealista, sentimental y empalagoso que aún goza hoy del favor del vulgo, como los libros de caballerías, en tiempos de Cervantes. Por lo demás, claro que el *Quijote* no es mera sátira literaria. ¡Qué ha de ser, si es lo más grande y hermoso que se ha escrito en el género novelesco!

El principal mérito literario de Cervantes —dejando aparte el valor intrínseco del Quijote como obra de arte— consiste en haber reanudado la tradición nacional, haciendo que al concepto del Amadís forastero y tan quimérico como Artús y Roldán reemplace un tipo real como nuestro héroe castellano el Cid Rodrigo Díaz, que con mostrarse siempre valeroso y honrado, y noble y comedido, y cristiano, lo mismo que el solitario de la Peña Pobre, es además un ser de carne y hueso y manifiesta afectos, pasiones y hasta pequeñeces humanas, ni más ni menos que Don Quijote; con ellos me entierren y no con la dilatada estirpe de los Amadises.

No inventó Cervantes la novela realista española porque ésta ya existía y la representaba *La celestina*, obra maestra, más novelesca todavía que dramática, si bien escrita en diálogo. Ningún hombre, aunque atesore el genio y la inspiración de Cervantes, inventa un género de buenas a primeras: lo que hace es deducirlo de los antecedentes literarios. Mas no importa: el *Quijote* y el *Amadís* dividen en dos hemisferios nuestra literatura novelesca. Al hemisferio del *Amadís* se pueden relegar todas las obras en que reina la imaginación, y al del *Quijote* aquellas en que predomina el carácter realista, patente en los monumentos más antiguos de las letras hispanas. En el primero caben, pues, los innumerables libros de caballería, las novelas pastoriles y alegóricas, sin excluir la misma *Galatea* y el *Persiles*, de Cervantes; en el segundo las novelas ejemplares y picarescas: el *Lazarillo*, *El gran tacaño*, *Marcos de Obregón*, *Guzmán de Alfarache*; los cuadros llenos de luz y color de *La gitanilla*, el humorístico *Coloquio de los perros*, *El diablo cojuelo*, de Guevara; el cuento donosísimo de los *Tres maridos burlados*, y... ¿a qué citar? ¿Cuándo acabaríamos de nombrar y encarecer tantas obras maestras de gracia, observación, donosura, ingenio, desenfado, vida, estilo y sentenciosa profundidad moral? Mientras el territorio idealista se pierde, se hunde cada vez más en las nieblas del olvido el realista, embellecido por el tiempo —como sucede a los lienzos de Velázquez y Murillo— basta para hacer que el pasado de nuestra literatura recreativa sea sin par en el orbe.

Esta brevísima excursión por el campo de la novela desde su nacimiento hasta la aurora de los tiempos modernos, en los cuales tanto se enriqueció y tantas metamorfosis sufrió, nos enseña cuán mudable es el gusto y cómo las épocas forman la literatura a su imagen. ¡Qué diferencia, por ejemplo, entre tres obras recreativas: *Dafnis y Cloe*, *Amadís de Gaula* y *El gran tacaño*! Me represento a *Dafnis y Cloe* como un bajo-relieve pagano cincelado, no en puro mármol, sino en alabastro finísimo. Sobre el fondo de una rústica cueva, donde se alza el ara de las ninfas rodeada de flores, retozan el zagal y la zagala adolescentes, y a su lado brinca una cabra y yace caído el zurrón, el cayado, los odres llenos de leche fresca; el diseño es elegante, sin vigor ni severidad, pero no sin cierta gracia y refinada molicie que blandamente recrean la vista. *Amadís* es un tapiz cuyas figuras se prolongan, más altas del tamaño natural; el paladín, armado de punta en blanco, se despide de la dama cuyos pies encubre el largo brial y cuyas delicadas manos sostienen una flor; entre los colores apagados de la tapicería, resplandecen aquí y allí lizos de oro y plata; en el fondo hay una ciudad de edificios cuadrangulares, simétricos, como las pintan en los códices. Y por último, *El gran tacaño* es a manera de pintura, de la mejor época de la escuela española; Velázquez sin duda fue quien destacó del lienzo la figura pergaminosa y enjuta del Dómine Cabra; solo Velázquez podría dar semejante claro-oscuro a la sotana vieja, al rostro amarillento, al mueblaje exiguo del avaro. ¡Qué luz! ¡Qué sombras! ¡Qué violentos contrastes! ¡Qué pincel valiente, franco, natural y cómico a un tiempo! *Dafnis y Cloe* y *Amadís* no tienen más vida que la del arte; *El gran tacaño* vive en el arte y en la realidad.

VII. Prosigue la genealogía

En achaque de novelas hemos madrugado bastante más que los franceses. Hartos estábamos ya de producir historias caballerescas, y florecía en nuestro Parnaso el género picaresco y pastoril, mientras ellos no poseían un mal libro de entretenimiento en prosa, si se exceptúan algunas *nouvelles*.

Sin embargo, cuando en sus tratados de literatura llegan nuestros vecinos al siglo XVI, no se olvidan jamás de decir que también tuvieron por entonces su Cervantes. Veamos quién fue el tal.

Poseído de la embriaguez de letras humanas que caracterizó al Renacimiento, cierto fraile franciscano, hijo de un ventero turenés, se dio a estudiar el griego, descuidando totalmente los deberes de su regla. Día y noche vivía encerrado en la celda con un compañero, y en vez de maitines, ambos recitaban trozos de Luciano o de Aristófanes. Sorprendidos por el Padre Superior, fuéles impuesta penitencia; y cuéntase —aunque los historiadores no lo dan por cosa averiguada— que desde aquel punto y hora el fraile humanista revolvió el convento con mil travesuras diabólicas, nada decorosas ni limpias, hasta que por fin logró escaparse y abandonar el claustro, yéndose mundo adelante a campar por su respeto. Sucesivamente fue monje benedictino, médico, astrónomo, bibliotecario, secretario de embajada, novelista, y al cabo cura párroco; estudió y practicó todas las ciencias y todos los idiomas; disecó por primera vez en Francia un cadáver; satirizó a los religiosos, a la magistratura, a la Universidad, a los protestantes, a los reyes, a los pontífices, a Roma; y todo sin sufrir graves persecuciones, y muriendo en paz, gracias a lo mucho que lo protegía el Papa Clemente VII, al paso que Calvino le hubiera tostado de bonísima gana, y el poeta Ronsard escribía su epitafio encargando al pasajero que derramase sobre la fosa del fraile exclaustrado sesos, jamones y vino, que le serían más gratos que las frescas azucenas.

Ahora bien: este hombre singular, habiendo publicado obras científicas y visto que nadie las compraba, concibió la idea de inculcar al pueblo los mismos conocimientos; pero en tal forma, que le divirtiesen y los tragase sin sentir, para lo cual compuso una sátira desmesurada, extravagante y bufa, un colosal sainetón, del que «despachó más ejemplares en dos meses que Biblias se vendían en nueve años». Y la ponderación no es corta, porque en aquellos tiempos de protestantismo militante se leía harto la Biblia. El autor compara la burlesca epopeya de *Gargantúa y Pantagruel* a un hueso que hay que roer para descubrir la substanciosa medula; el hueso es verdad que tiene tuétano suculento, pero también grasa, sangre y piltrafas, que es preciso apartar. Es de los libros más raros y heterogéneos que se conocen: aquí una máxima profunda, allí una grosería indecente; después de un admirable sistema de educación, una aventura estrambótica. Para hacerse cargo de la índole de la fábula, baste decir que cada vez que mama el héroe, el gigante Pantagruel, se chupa la leche de cuatro mil seiscientas vacas.

Poner en parangón a Rabelais con Cervantes, es lo mismo que comparar a Luciano de Samosata con Homero. Indudablemente Rabelais era un sabio, y Cervantes no: he de decirlo aunque me excomulgue algún cervantista. Pero a Rabelais, como a su siglo, la erudición no lo salvó enteramente de la barbarie. Rabelais legó a su patria una obra deforme, y Cervantes una creación acabada y sublime en su género. Nosotros podemos encomiar el habla de Cervantes, y los franceses no propondrán nunca por modelo el lenguaje de Rabelais, a pesar de su riqueza, variedad y carácter pintoresco.

Ni formó Rabelais, como el autor del *Quijote*, escuela de novelistas, ni Gargantúa y Pantagruel son, en rigor, novelas. Más imitadores tuvo en lo sucesivo una mujer, la Reina Margarita de Navarra. En aquel siglo donde nadie era mojigato sino los protestantes, la erudita princesa, viajando en litera y mojando la pluma en el tintero que su camarista sostenía en el regazo, borroneó el Heptamerón, serie de cuentos alegres al estilo de los de micer Boccaccio. En este género del cuento breve o *nouvelle* fue fecundísima Francia; ya desde el siglo XV se conocía una gran colección, las Cien Novelas Nuevas. Solían tales historietas narrarse primero de viva voz, imprimiéndose después si agradaban: superiores al cuento popular, eran inferiores a la novela propiamente dicha. Nosotros carecemos de *nouvelles*, la novela ejemplar, aunque corta, tiene más alcance que la *nouvelle* francesa.

Los extremos se tocan: Francia, que descolló en semejantes cuentos ligeros, produjo también los novelones monumentales en varios tomos, que abundaron en el siglo XVII. Era moda, a la sazón, imitar a España; nuestra preponderancia política había impuesto a Europa los trajes, costumbres y literatura castellana. Dícese que Antonio Pérez, famoso valido de Felipe II, fue quien trasplantó a la corte de Francia, donde vivía refugiado, nuestro culteranismo; al par el caballero Marini, aquella peste de las letras italianas, gran corruptor del gusto en su tierra, cruzó los Alpes para inficionar a París. Formóse la sociedad del palacio de Rambouillet, donde se conversaba apretando el ingenio, quintesenciando el estilo, discreteando a porfía, y llovían madrigales, acrósticos y todo género de rimas galantes. A ejemplo del palacio memorable en los anales de la literatura francesa, se crearon otros círculos presididos por las preciosas (que entonces aún no eran ridículas), en los cuales también se alambicaba el lenguaje y los afectos: fruto y espejo de estas asambleas *sui generis* fueron las novelas interminables de La Calprénede, de Gomberville y de la señorita de Scudéry. Los héroes de ellas, aunque llevaban nombres griegos, turcos y romanos, hablaban y sentían como franceses contemporáneos de las preciosas; Bruto escribía billeticos perfumados a Lucrecia, y Horacio Cocles, prendado de Clelia, contaba al eco sus amorosas cuitas. En Clelia levantó la señorita Scudéry el famoso mapa del país de Terneza, al través del cual serpea el río de la Afición, se extiende el lago de la Indiferencia y descuellan los distritos del Abandono y la Perfidia. Considerando que tales novelas solían constar de ocho o diez volúmenes de a ochocientas páginas, resulta que era preferible engolfarse en los libros de caballerías, aun a riesgo de secarse la mollera como el Ingenioso Hidalgo.

Es verdad que no todas las ficciones novelescas del siglo XVII parecen hoy tan soporíferas: las de Madama de Lafayette se sufren mejor; la *Astrea* de Urfé es linda pastoral; la *Novela cómica*, de Scarron, imitada del español, ofrece colorido y animados lances. Nosotros abandonábamos el riquísimo venero abierto por Cervantes, y entretanto los franceses muy a su sabor lo explotaban, sacando de él oro puro. Lesage, quizá el primer novelista de Francia en el siglo XVIII, se labró un manto regio zurciendo retazos de la capa de Espinel, Guevara y Mateo Alemán. Bien quisimos disputar a Francia el *Gil Blas*, en cuyo rostro y talle leíamos su origen castellano; pero ¿quién nos tiene la culpa de ser tan descuidados y pródigos? Inútilmente alegamos que *Gil Blas* debió nacer del lado acá del Pirineo: los franceses nos responden que lo que hay de español en *Gil Blas* es lo exterior, la vestidura: el carácter del protagonista, versátil y mediocre, es esencialmente galo. Y en eso, vive Dios que llevan razón. Nuestros héroes son más héroes, nuestros pícaros más pícaros que Gil Blas.

El abate Prévost, novelador incansable que compuso sobre doscientos volúmenes, olvidados hoy, casualmente acertó a escribir uno por el cual figura al
lado de Lesage. *Manon Lescaut* no es más ni menos que la historia sucinta de
dos perdidos, uno varón y otro hembra. El héroe, el caballero Desgrieux, un
solemne fullero; la heroína, Manon, una cortesana de baja estofa. Y está lo original y pasmoso del libro en que, con tales antecedentes, Manon y Desgrieux
cautivan, interesan, hasta arrancar lágrimas. No es que se verifique en los dos
personajes alguna de aquellas maravillosas conversiones, o redenciones por el
amor, que fingen los escritores contemporáneos, desde Dumas en *La dama de
las camelias* hasta Farina en *Capelli Biondi*: nada de eso. La cortesana muere
impenitente. ¿A qué debe, pues, su atractivo singular la historia de Manon? Su
autor nos lo revela. «*Manon Lescaut* —dice— no es sino pintura y sentimiento,
pero pintura verdadera y sentimiento natural. En cuanto al estilo, habla en él
la naturaleza misma». La impresión que causa el breve libro de Prévost es la
que produce un suceso cierto, el análisis de una pasión hecho por el paciente. Un hombre penetra en la iglesia; arrodíllase al pie de un confesonario, y
refiere su vida sin omitir circunstancia, sin encubrir sus vilezas ni sus culpas,
sin velar sus sentimientos ni atenuar sus malas acciones: ese hombre es gran
pecador, pero ha amado mucho, ha sido arrastrado a pecar por afectos vehe-
mentísimos, y el confesor que le escucha siente deslizarse por sus mejillas una
lágrima. Esto acontece al que oye en confesión al caballero Desgrieux.
¡Cuán lejos está Rousseau de poseer la naturalidad del abate Prévost!
Rousseau es idealista y moralista: predicar, enseñar, reformar el universo, tal
es su propósito. Sus novelas rebosan doctrinas, reflexiones y declamaciones:
virtud, sensibilidad, amistad y ternura andan en ellas como por su casa. El
Emilio, en especial, puede considerarse tipo de la novela docente: el arte, el
interés de la ficción, la pintura de las pasiones, todo es allí secundario: el caso
es demostrar cuanto se propuso el autor que el libro demostrase. Penetrado
de las excelencias y ventajas del estado salvaje y primitivo, Rousseau defendió
su tesis hasta el extremo, decía con gracia Voltaire, de infundir ganas de andar
a cuatro pies, y solicitó que la igualdad se aplicase tan sin límites, que se casa-
se el hijo del rey con la hija del verdugo. ¡Pícara idea y cuántos estragos hizo
en la novela andando el tiempo! Lo noto de paso, y continúo.

Por supuesto que la moral de Rousseau era peregrina: su héroe Saint-Preux, adorando la virtud, seducía a la doncella que sus padres le fiaban para educarla. No obstante, todo lo que se diga de la popularidad y éxito de las novelas de Rousseau es poco. Rousseau ejerció sobre su época el decisivo influjo que alcanzan los escritores si aciertan a erigirse en moralistas. Las mujeres lo idolatraron; las madres lactaron a sus hijos para obedecerle; pulularon las Julias y los Emilios; ciertas comarcas del Norte quisieron tomarle por legislador; la Convención puso en práctica sus teorías, y el torrente de la revolución corrió por el cauce de sus ideas. No ventilemos aquí si todo esto fue vera gloria: lo evidente es que no fue gloria literaria. Como novelista, vale más el abate Prévost.

El mérito literario que no puede negarse a Rousseau, es el de introducir melodías nuevas en el idioma francés, desecado por la pluma corrosiva y aguda de Voltaire. Rousseau supo ver el paisaje y la naturaleza y describirla en páginas elocuentes y hermosas: *Pablo y Virginia* son la segunda parte de la *Eloísa*; Bernardino de Saint-Pierre aplicó a un tiempo los procedimientos artísticos y las teorías anti-sociales de su modelo Rousseau, cuando buscó para teatro de su poema un país virgen, un mundo medio salvaje y desierto, y para héroes dos seres jóvenes y candorosos, no inficionados por la civilización y que mueren a su contacto, como la tropical sensitiva languidece al tocarla la mano del hombre.

Mejor que Rousseau narraba Voltaire. Sus cuentos en prosa son la misma sobriedad, la misma claridad, la misma perfección; no es posible indicar en ellos ni leves errores gramaticales; allí resalta el respeto más profundo, la más completa intuición de eso que se llama genio de un idioma. Pero también se advierte aquella pobreza de fantasía, aquella carencia de sentimiento, aquella luz sin calor y aquel corazoncillo seco y encogido, arrugado como nuez añeja, eterna inferioridad del autor de *Cándido*. Voltaire cuenta; no es posible que novele. El novelista necesita más simpatía y alma menos estrecha.

Diderot reúne mejores condiciones de novelista. Voltaire sabe literatura, pero Diderot es artista, artista que pinta con la pluma: en él comienza la serie de los escritores coloristas de Francia; él emplea antes que nadie frases que copian y reproducen la sensación, por donde consumados estilistas contemporáneos le reconocen y nombran maestro. Sus teorías estéticas, nuevas y atrevidas entonces, contenían ya el realismo; en sus novelas late la realidad: lástima grande que, obedeciendo al gusto de la época, las haya sembrado de pasajes licenciosos, enteramente innecesarios. No pueden compararse sus aptitudes con las de ningún escritor de su tiempo; lea el que lo dude *El sobrino de Rameau*, tesoro de originalidad; lea la misma Religiosa, descartando las manchas de inverecundia que la afean y el alegato contra los votos perpetuos que el acérrimo libertino no supo omitir, y verá un libro interesantísimo, con delicado interés, sin aventuras ni incidentes extraordinarios, sin galanes ni amoríos de reja, con solo el combate interior de un espíritu y el vigoroso estudio de un carácter. Diderot escribió *La religiosa* fingiendo ser las memorias de una doncella obligada por su familia a entrar monja sin vocación, y que tras de mil luchas se escapa del claustro, y dirigió el manuscrito al marqués de Croismare, gran filántropo, como si la desdichada le pidiese auxilio. El marqués, engañado por la admirable naturalidad del relato, se apresuró a mandar dinero y a ofrecer protección a la imaginaria heroína de Diderot.

Con estos novelistas de la Enciclopedia hemos llegado a un punto crítico. La Revolución comienza, y mientras dure su formidable sacudida nadie escribe novelas, pero todo el mundo se halla expuesto a vivirlas muy dramáticas.

VIII. Los vencidos

Cuando pasó el Terror, las letras, que habían subido al cadalso con Andrés Chénier, comenzaron a volver en sí, pálidas aún del susto.

Pigault Lebrun fue el Boccaccio de aquella época azarosa, un Boccaccio tan inferior al italiano, como la estopa a la batista. Fiévée narrador agradable, entretuvo al público con historietas, y Ducray Duminil contó a la juventud patéticos sucesos, novelas donde la virtud perseguida triunfaba siempre en última instancia. De la pluma de Madama de Genlis brotó un chorro continuo, igual y monótono de narraciones con tendencia pedagógico-moral; pero la iluminada y profetisa Madama de Krüdener picó más alto, escribiendo *Valeria*. No obstante, la figura principal que domina estas secundarias, entre las cuales tantas son femeninas, es otra mujer de prodigiosa cultura y excelso entendimiento, filósofa, historiadora, talento varonil si los hubo: la baronesa de Staël. Antes de componer novelas, la hija de Necker se había ensayado con obras serias y profundas, y su *Corina* y su *Delfina* fueron para ella como descanso de graves tareas, o, mejor dicho, como expansiones líricas, válvulas que abrió para desahogar su corazón, cuya viveza de sentimientos no desmentía su sexo. Ella misma fue heroína de sus novelas, y fundó así, rompiendo con la tradición de impersonalidad de los narradores y cuentistas, la novela idealista introspectiva. *Delfina* y *Corina* lograron tal aplauso y ganaron tantos lectores, que hasta se cree que Napoleón no se desdeñó de criticar, en su cesáreo estilo, y por medio de un artículo anónimo inserto en el Monitor, las producciones novelescas de su acérrima adversaria.

Al par que trazaba a la novela los rumbos que tantas veces recorrió después, Madama de Staël descubría una mina explotada luego por el romanticismo, dando a conocer en su magnífico libro *La Alemania* las riquezas de la literatura germánica, romántica ya, y que de tal modo vino a influir en la de los países latinos.

Es de notar que los enciclopedistas, y Voltaire más que ninguno, mientras preparaban la revolución política atacando desaforadamente el antiguo régimen y minándolo por todos lados, se habían mostrado en literatura conservadores y pacatos hasta dejarlo de sobra, respetando supersticiosamente las reglas clásicas; y como si el clasicismo en sus postrimerías quisiese revestirse de nueva juventud y forma encantadora, encarnó en Andrés Chénier, el poeta más griego y más clásico que tuvo nunca Francia, al par que el primer lírico del siglo XVIII. De modo que aun cuando Diderot reclamó la verdad en la escena y en la novela, y Rousseau hizo florecer en su prosa el lirismo romántico, las letras permanecieron estacionarias y clásicas durante la revolución y primeros años del imperio, hasta que vinieron Madama de Staël y Chateaubriand.

Siendo jovencita, Madama de Staël leía asiduamente a Rousseau; el joven emigrado bretón que comparte con ella la soberanía de aquel período, era también discípulo del ginebrino, y discípulo más adicto, porque mientras Madama de Staël se mostró asaz indiferente a la naturaleza, musa del autor de las *Confesiones*, Chateaubriand se lanzaba a América por anhelo de conocer y cantar un paisaje virgen, y describir con mas poesía que su maestro las magnificencias de bosques, ríos y montañas. Por este mismo propósito, donde el poeta tenía más parte que el novelista, resultó que las novelas de Chateaubriand fueron poemas mejor que otra cosa. Al menos *Corina* se estudiaba a sí propia y a la sociedad en que vivió; no que *René* se idealizaba, subiéndose al pedestal de su enfermizo orgullo, perdiéndose en nebulosa melancolía, y aislándose así del resto de los humanos. Sus contemporáneos hicieron de Chateaubriand un semidiós; la generación presente le desdeña con exceso olvidando sus méritos de artista. *René* no es inferior a *Werther*, de Goethe, como análisis de una noble enfermedad, la insaciable, vaga e inmensa pasión de ánimo de nuestro siglo. El descrédito cada vez mayor de Chateaubriand no puede achacarse sino a la creciente exigencia de realidad artística.

En efecto, cuantos quisieron buscar la belleza fuera de los caminos de la verdad, comparten la suerte del ilustre autor de los Mártires; la indiferencia general arrincona sus obras, cuando no sus nombres. ¿De qué le sirvió a Lamartine su unción, su dulzura, su instinto de compositor melodista, su fantasía de poeta, tantas y tantas cualidades eminentes? ¿Lee hoy alguien sus novelas? ¿Se embelesa nadie con el platónico panteísta Rafael? ¿Llora nadie las penas y abandono de Graziella? ¿Hay quien pueda llevar en paciencia a Genoveva? Si las novelas de Víctor Hugo no han perdido tanto como las de Chateaubriand y Lamartine, consiste quizá en que son más objetivas; en los problemas sociales que plantean y resuelven, aunque por modo apocalíptico; en el vivo interés romancesco que saben despertar, y en cierto realismo... ¡perdóneme el gran poeta! de brocha gorda, que a despecho de la estética idealista del autor, asoma aquí y allí en todas ellas. Y digo de brocha gorda, porque nadie ignora que a Víctor Hugo le son más fáciles los toques de efecto que las pinceladas discretas y suaves, por donde su realismo viene a ser un efectismo poderoso, pero no tan hábil que no se le vea la hilaza. En suma, Víctor Hugo toma de la verdad aquello que puede herir la imaginación y avasallarla: verbigracia, el soplo por la nariz con que el presidiario Juan Valjean apaga la luz en casa de Monseñor Bienvenido. Lo que únicamente tiende a producir impresión de realidad, Víctor Hugo no sabe o no quiere observarlo. En justo castigo de esta culpa, sus novelas van estando, si no tan marchitas como las de Chateaubriand y Lamartine, al menos algo destartaladas. Para que produzcan ilusión, hay que verlas con luz artificial.

Por lo demás, ni Chateaubriand ni Víctor Hugo ni Lamartine hicieron de la novela artículo de consumo general, fabricado al gusto del consumidor. Esta empresa industrial estaba guardada para el irrestañable e impertérrito criollo Dumas, abogado de los folletines, a cuya intercesión se encomiendan aún tantos dañinos escribidores.

¡Peregrina figura literaria la del autor de Monte Cristo! Trabajo le mando a quien se proponga leer sus obras enteras. Si la inmortalidad de cada autor se midiese por la cantidad de tomos que diese a la estampa, Alejandro Dumas, padre, sería el primer escritor de nuestra época. Porque si bien está demostrado que, además de novelista, fue Dumas razón social de una fábrica de novelas conforme a los últimos adelantos, donde muchas, como el blanco y carmín de la doña Elvira del soneto, solo tenían de suyas el haberle costado su dinero; si es cierto que se patentizó la imposibilidad física de que hubiese escrito cuanto publicaba, y si cuando pleiteó con los directores de La Prensa y de El Constitucional, éstos le probaron que, sin perjuicio de otros encargos, se había comprometido a darles a ellos cada año mayor número de cuartillas de original que puede despachar el escribiente más ligero; si amén de contraer y cubrir todos estos compromisos está averiguado que viajaba, que hacía vida social, frecuentaba los bastidores de los teatros y las redacciones de la prensa, se metía en política y galanteaba, todavía es admirable que haya dado abasto a escribir la prodigiosa cantidad de libros que sin disputa le pertenecen, y a leer y retocar los ajenos cuando salían escudados con su nombre.

Por muchos cirineos que le ayudasen a llevar el peso de la producción, Dumas aparece fecundísimo. Un teatro se fundó solo para representar sus obras; un periódico para despachar en folletín sus novelas, pues ya no alcanzaban los editores a imprimirlas aparte». En tan inmenso océano de narraciones novelescas como nos dejó, sobreabunda el género pseudo-histórico, especie de resurrección de los libros de caballerías adaptados al gusto moderno. Alejandro Dumas llamaba a la historia clavo donde colgaba sus lienzos, y otras veces aseguraba que a la historia era lícito hacerle violencia, siempre que los bastardos naciesen con vida. Penetrado de tales axiomas, trató a la verdad histórica sin cumplimientos, como todos sabemos. Es cierto que también Chateaubriand había sustituido a la erudición sólida y a la crítica severa su fantasía incomparable; pero ¡de cuán distinto modo! Chateaubriand bordó de oro y perlas la túnica de la historia; Dumas la vistió de máscara.

En medio de todo, hay dotes sorprendentes en Alejandro Dumas. No es grano de anís inventar tanto, producir con tan incansable aliento y mecer y arrullar gratamente —siquiera sea con patrañas inverosímiles— a una generación entera. El don de imaginar, acaso nadie lo ha tenido en tanta cantidad como Alejandro Dumas, si bien otros lo poseyeron de calidad mejor y más exquisita: que en esto de imaginación, como en todo, hay género de primera y de segunda. Y realmente, Alejandro Dumas es el tipo de la literatura secundaria, no del todo ínfima, pero tampoco comparable a la que forjan grandes escritores con los cuales no puede medirse el autor de *Los tres mosqueteros.*

Literariamente, Dumas es mediocre. De ahí proviene su éxito y popularidad. Dumas subió a la altura exacta de la mayor parte de las inteligencias. Si su forma fuese más selecta y elegante, o su personalidad más caracterizada, o sus ideas más originales, ya no estaría al alcance de todo el mundo. Su novela es, pues, la novela por antonomasia; la novela que lee cada quisque cuando se aburre y no sabe cómo matar el tiempo; la novela de las suscripciones; la novela que se presta como un paraguas; la novela que un taller entero de modistas lee por turno; la novela que tiene los cantos grasientos y las hojas sobadas; la novela mal impresa, coleccionada de folletines, con láminas melodramáticas y cursis; y la novela, en suma, más antiliteraria en el fondo, donde el arte importa un bledo y lo que interesa es únicamente saber en qué parará y cómo se las compondrá el autor para salvar a tal personaje o matar a cuál otro. Hoy, al ver la enorme biblioteca dumasiana, no sabe uno qué admirar más, si su tamaño o su poca consistencia. El abate Prévost, de sus doscientos volúmenes, logró salvar uno que le inmortaliza: diez o doce años después del fallecimiento de Dumas, dudamos si alguna de sus obras pasará a las futuras edades.

Bien arrumbado se va quedando asimismo el rival de Dumas, el poco menos fecundo e inventivo Eugenio Sue. En éste había la cuerda socialista, populachera y humanitaria, que tocada diestramente, gana triunfos tan brillantes como efímeros. Sin embargo, Sue tuvo más de artista que Dumas; dio mayor relieve a sus creaciones. Su fantasía rica e intensa, evocaba con fuerza superior. Pero si en alguien alcanzó esta facultad aquel grado de pujanza que todo lo poetiza y transforma, y sin reemplazar a la verdad, compensa su falta, fue en Jorge Sand.

Jorge Sand es el escultor inspirado de la novela idealista; Alejandro Dumas, y Sue mismo, a su lado, no pasan de alfareros. Gran productor como sus rivales, recibió del cielo, por añadidura, dones literarios, merced a los cuales fue el único competidor digno de Balzac, como Madama de Staël lo había sido de Chateaubriand. Su ingenio era de aquellos que hacen escuela y marcan huella resplandeciente y profunda. En el día podemos juzgar con serenidad al ilustre andrógino, porque aun cuando somos casi coetáneos suyos, no hemos alcanzado el período militante de sus obras. Nuestros padres conocieron a Jorge Sand en la época de sus aventuras y vida bohemia, y se escandalizaron con la propaganda anticonyugal y antisocial de sus primeros libros. Hoy, en el vasto conjunto de los escritos de Jorge Sand, esos libros, forma primaria de su talento dúctil y variable, son un pormenor, digno sí de tomarse en cuenta, pero que no empece al mérito de los restantes: tanto más, cuanto que el gusto ha cambiado, y actualmente se cree que la obra mejor de la autora de *Mauprat* son sus novelas campestres, Geórgicas modernas, dignas de compararse con las del poeta mantuano. ¿Qué importan las teorías filosóficas tan extravagantes como inconsistentes de Jorge Sand? Latouche dijo de ella descortésmente que era un eco que reforzaba la voz, y a fe que no se engañó en lo que respecta a pensamiento, porque Jorge Sand dogmatizaba siempre por cuenta ajena. Pero el escritor insigne no le debe nada a nadie. Hoy sus filosofías son tan peligrosas para la sociedad y la familia como una linterna mágica o un kaleidoscopio. *Valentina, Lelia, Indiana,* no nos persuaden a cosa alguna; su propósito docente o disolvente resulta inofensivo. Lo que permanece inalterable es el nítido y majestuoso estilo, la fantasía lozana del autor.

En toda la literatura idealista que revisamos impera la imaginación, de más o menos quilates, más o menos selecta; pero siempre como facultad soberana. Podemos decir que ella es la característica del periodo literario que empieza con el siglo y dura hasta su mitad. También indudable aparece la decadencia del género. No hablemos de Alejandro Dumas y Eugenio Sue: consideremos solo a Jorge Sand, que vale más que ellos. Lo que sucede con Jorge Sand es prueba palmaria de que la literatura de imaginación es ya cadáver. La célebre novelista, de edad muy avanzada, falleció hace pocos años, como si dijéramos ayer, en 1876, en su tranquilo retiro de Nohant, y hasta los últimos días de su existencia escribió y publicó novelas, donde no se advertía inferioridad o descenso en la composición ni en el estilo, antes descollaba como siempre la maestría propia del gran prosista. Pues esas novelas, insertas en la *Revista de Ambos Mundos,* pasaban inadvertidas; nadie reparaba en ellas; para la generación actual, Jorge Sand había muerto mucho antes de bajar al sepulcro. ¿Y por qué? Tan solo porque estaba fuera del movimiento literario actual; porque cultivaba la literatura de imaginación, que tuvo su época y hoy no cabe. No es que la gente dejase de pronunciar con admiración el nombre de Jorge Sand; es que consideraba sus escritos como se consideran los de un clásico, de un autor que fue hijo de otras edades y no vive en la presente.

IX. Los vencedores

Conocidos ya los padres de la Iglesia idealista, ahora nos toca trabar amistad con los jefes de la escuela contraria.

Diderot es su patriarca; él comunicó antes que nadie a la empobrecida lengua del siglo XVIII colorido y vibración; él abogó, como sabemos, por la verdad en el arte. Descendiente en línea recta de Diderot, fue Enrique María Beyle, Stendhal.

Antes de escribir novelas, Stendhal manejó la crítica y narró sus impresiones de viaje: pero en ningún género de los diversos que cultivó aspiraba a la gloria de las letras. No hay cosa menos parecida a un escritor de oficio que Stendhal: hombre de activa existencia, de varia fortuna, pintor, militar, empleado, comerciante, auditor del Consejo de Estado, diplomático, quizá debió a su misma diversidad de profesiones la acuidad de observación y el conocimiento de la vida que distingue a los viajeros literarios, como Cervantes y Lesage, investigadores curiosos que prefieren a los polvorientos libros de las bibliotecas la gran biblia de la sociedad. Stendhal emborronó papel sin premeditación; no usó de pseudónimos por coquetería, sino por mejor ocultarse; no se creyó llamado a regenerar cosa alguna, ni a transformar el siglo con sus escritos; trabajó como aficionado, y cierto día se quedó estupefacto viendo un artículo encomiástico que Balzac le dedicaba. «He repasado el artículo —son sus propias palabras— pereciéndome de risa. A cada elogio subido de punto, pensé en el gesto que pondrían mis amigos si tal leyesen». Sencillo en la forma, aunque muy refinado y sutil en el fondo, empleaba el sobrio lenguaje de los enciclopedistas, con mayor descuido e incorrección de la que ellos se permitieron; y aunque tocado de romanticismo en sus primeros años, jamás admitió las galas y adornos de la prosa romántica; antes para manifestar su desdén por el estilo florido, afirmaba que al sentarse al escritorio tenía muy buen cuidado de echarse al coleto una página del Código.

Por culpa de esta originalidad misma, Stendhal consiguió en vida pocos lectores y menos partidarios: el fulgor de las estrellas románticas llenaba entonces el firmamento. Hasta dos lustros después de la muerte de Stendhal, ocurrida en 1842, no empezaron a llamar la atención sus obras, que no llegan a docena y media, fundándose en solo dos novelas su fama de escritor realista. *La cartuja de Parma* describe una corte pequeña, un ducado italiano, donde se tejen maquiavélicas intrigas y el amor y la ambición hacen diabluras: tempestad en el lago de Como. *Rojo y negro* estudia aquella primera época de la Restauración francesa, en que sucedió al poder militar de Napoleón —ídolo de Stendhal— la influencia religioso-aristocrática. Acerca del mérito de estos dos libros se han pronunciado juicios muy diversos. Sainte-Beuve, declarando que no son novelas vulgares y que sugieren ideas y abren caminos, las califica sin embargo de detestables, fallo harto radical para un crítico tan ecléctico. Taine las admira hasta el punto de llamar a Stendhal gran ideólogo y primer psicólogo de su siglo. Balzac se declara incapaz de escribir cosa tan bella como *La cartuja de Parma*. A Caro le irritan de tal suerte ésta y las demás obras de Stendhal, que llega a injuriar al autor; y Zola, reconociendo en él al sucesor de Diderot y poniéndolo en las nubes, niega la completa realidad de sus personajes, que no son, en concepto de Zola, hombres de carne y hueso, sino complicados mecanismoscerebrales, que funcionan aparte, independientes de los demás órganos.

Hay algo de verdad en tan opuestos pareceres. Si se atiende al procedimiento artístico, Sainte-Beuve está en lo cierto. Las novelas de Stendhal no carecen de ninguna imperfección. Escritas con poca gramática —como demostró Clemencín que está el *Quijote*—, su estilo es no solo descarnado, sino escabroso. Fáltales unidad, coherencia, interés sostenido gradualmente; en suma, las cualidades que suelen elogiarse en una obra literaria. De *La cartuja de Parma* podrían suprimirse las dos terceras partes de los personajes y la mitad de los acontecimientos sin grave inconveniente: en *Rojo y negro* sería muy oportuno que la novela concluyese en el primer tomo: también podría acabar a la mitad del segundo. Respecto a elegancia, proporción y destreza en componer, está muy por cima de Stendhal su discípulo Merimée.

Zola tampoco yerra cuando asegura que los héroes de Stendhal raciocinan demasiado. Sí; a veces sobra allí raciocinio. El protagonista de *Rojo y negro*, Julián Sorel, al regresar de un desafío, donde le han metido una bala en un brazo, viene raciocinando muy reposadamente acerca del trato de las gentes de alto coturno, de si su conversación es amena o enfadosa, y otras menudencias por el estilo: y no lo hace en voz alta ni con ánimo de mostrarse sereno, que entonces sería natural, sino para su capote. Otro cualquiera pensaría en la herida, por poco que le doliese. Sin embargo Zola, al reconocer estos lunares, conviene con Taine, declarando que Stendhal es profundo psicólogo. Lo que le falta por confesar al jefe del naturalismo francés es que el valor de los aciertos de Stendhal consiste precisamente en el terreno sobre que recaen. Stendhal analiza y diseca el alma humana, y aunque a Zola no le cuadre, el que acierta en ese género de estudio se coloca muy alto. Es como el disector que trabaja en las partes más delicadas e íntimas del organismo, necesarias para la vida; o como el cirujano que opera sobre tejidos recónditos, llenos de venas, arterias y nervios.

Copista de la naturaleza exterior, a cuyo influjo atribuye las determinaciones del albedrío, Zola pospone sistemáticamente ese orden de verdades que no están a flor de realidad, sino incrustadas, digámoslo así, en las entrañas de lo real, y por lo mismo solo pueden ser descubiertas por ojos perspicaces y escalpelos finísimos. No es que Zola no sea psicólogo; pero lo es a lo Condillac, negando la espontaneidad psíquica: por eso el método interiorista de Stendhal no acaba de satisfacerle. Y es el caso que Stendhal no tiene otros títulos a la gloria que ya va dorando su sepulcro, sino esa lucidez de psicólogo realista que nos presenta un alma desnuda, cautivándonos con el espectáculo de la rica y variada vida espiritual, espectáculo tanto o más interesante, diga Zola lo que quiera, que el de los mercados en el Vientre de París... y cuenta que este vasto bodegón de Zola es admirable. En resumen, Stendhal borra sus muchos e innegables defectos con el subido valor filosófico de sus bellezas, viniendo a ser sus obras como joya de ricos diamantes engarzados y montados sin esmero alguno.

Extraños azares los de la gloria literaria. Stendhal, con el corto patrimonio de dos novelas, logra hoy ver unido su nombre, en concepto de iniciador del arte realista y naturalista, al de Balzac, que fue un titán, un cíclope, forjador incansable de libros. Y cuenta que si Stendhal era indiferente a la celebridad, Balzac aspiraba a ella con todas las fuerzas de su alma. La obtuvo particularmente fuera de su país, en Italia, en Suecia, en Rusia; mas no tanta que no compitiesen ventajosamente con él adversarios como Dumas y Sue, disputándole la honra y el provecho». Mientras Dumas podía derrochar en locuras caudales ganados con su péñola de novelista, Balzac luchaba cuerpo a cuerpo con la miseria, sin obtener jamás un mediano estado de fortuna. Para mayor dolor, la crítica le atacaba encarnizadamente.

No encierra la vida de Balzac aventuras novelescas; su historia se reduce a trabajar y más trabajar para satisfacer a sus acreedores y crearse una renta desahogada; escribió sin descanso, sin término, pasando las noches de claro en claro, produciendo a veces una novela en diez horas, y todo en balde, sin lograr verse libre de sus urgentes y angustiosas obligaciones ni disponer de un ochavo. Dicen con razón cuantos hoy escriben acerca de Balzac, que en ese modo de vivir suyo se contiene la explicación y clave de sus obras.

Propúsose Balzac realizar completo y enciclopédico estudio de las costumbres y sociedad moderna mirada por todos sus aspectos; y declarándose doctor en ciencias sociales, quiso crear *La comedia humana*, resumen típico de nuestra edad, como el poema de Dante lo fue de la Edad Media. Cada novela, un canto. En tan vasta epopeya, todas las clases tuvieron representación y todas las modificaciones políticas su pintura adecuada. Balzac retrató de cuerpo entero al imperio, a la restauración, a la Monarquía de julio; copió del natural, con fidelidad admirable, las fisonomías de la nobleza legitimista, chapada a la antigua, desde los heroicos chuanes del Este hasta los jactanciosos hidalgüelos del Mediodía; las de la mesocracia orleanista; las de los soldados del imperio, del clero, de los paisanos; de los diferentes tipos de la bohemia literaria, de los periodistas, y, para decirlo de una vez, lo copió todo, conforme a su gigantesco plan, con atlético vigor y esfuerzo hercúleo. Zola, que sabe hablar de Balzac elocuentemente, compara *La comedia humana* a un monumento construido con materiales distintos: aquí mármol y alabastro, allí ladrillo, yeso y arena, todo entreverado y confundido por la mano presurosa de un albañil que a trechos era insigne artista. El edificio, combatido de la intemperie, a partes se desmorona, viniéndose al suelo los materiales viles, mientras las columnatas de granito y jaspe se sostienen erguidas y hermosas. No cabe comparación más exacta.

De todo hay en el colosal monumento erigido por Balzac; hasta las mismas columnatas de mármol que Zola admira, con ser de preciosa traza y calidad inestimable, están levantadas aprisa, por brazos febriles. ¿Cómo no? Atendido el modo de componer de Balzac, así tuvo que suceder. Cuando se encerraba en su habitación con una resma de papel delante, sabía que dentro de quince días, de una semana, o quizá menos, le reclamaría el editor la resma manuscrita, y el acreedor se presentaría a recoger el precio quitándoselo de las manos. Considérese el estado moral de Balzac al escribir, y compárese, por ejemplo, al de su sucesor Flaubert, que para componer una novela en un tomo consultaba quinientos, hacía seis de extractos, y tardaba ocho años a veces. Balzac hilvanó en veinte días César Baratte, una de sus mejores obras, un pórtico de mármol. Sus cuartillas, ininteligibles, losanjeadas de borrones, Cruzadas, tachadas, caóticas, las traducían a duras penas en la imprenta. ¡Y Flaubert copiaba diez o doce veces una página para perfeccionarla! De juro Balzac no se tomó nunca la molestia de copiar; mandaba el original a las prensas, y en pruebas corregía, variaba párrafos enteros. No le era lícito pararse en menudencias.

¡Qué mucho que sus creaciones sean desiguales! Aunque descontemos aquellas obras de la juventud que más parecen de la senectud, y en las cuales se muestra tan inferior, en la misma *Comedia humana* se hallan libros de valor tan diverso como *Eugenia Grandet* y *Ferragus*, *La prima Bette* y los *Esplendores y miserias de las cortesanas*. No solo es patente la diferencia entre novela y novela, sino entre las partes de una misma. De tantas obras magistrales, apenas hay una perfecta, que pueda proponerse como modelo digno de imitación; y, sin embargo, en casi todas se contienen bellezas extraordinarias.

Así como no era posible que, dada su especial manera de crear, se consagrase Balzac a purificar y dirigir su copiosa vena y a procurar la perfección, tampoco lo era que procediese como los realistas contemporáneos, tomando todos y cada uno de los elementos de sus obras de la observación de la realidad. No le hubiera alcanzado para eso solo entera la vida. Dijo acertadamente de él Philarete Chasles que, más que observador, era vidente. Trabajaba al vuelo sirviéndose de la verdad adivinada y deducida, combinándola en sus escritos a la mayor dosis posible, pero no empleándola pura. Si la inspiración traía de la mano a la verdad, mejor que mejor; si no, no era cosa de suspender el comenzado trabajo, ni de renunciar al socorro de la fantasía para entretenerse en verificar datos. En Balzac, sobre la observación está la inspiración de lo real. Su espíritu concentraba en un foco rayos de luz dispersos, sin tomarse el trabajo de contarlos ni de averiguar su procedencia. La intuición desempeña en sus obras papel importantísimo. ¿Dónde había cursado Balzac ciencias sociales? ¿Dónde ganó el birrete de doctor? ¿Cuándo aprendió fisiología, medicina, química, jurisprudencia, historia, heráldica, teología, todas las cosas que supo como cabalmente debe saberlas un artista, sin erudición ni errores? Se ignora. Si a veces la imaginación le arrastra y dibuja perfiles inverosímiles, en cambio cuando encuentra el cabo de la realidad, que es casi siempre, tira de él y no para hasta devanar toda la madeja. La mayor parte de sus caracteres son prodigios de verdad. Lo que queda impreso en la mente, después de leer a Balzac, no es el asunto de esta novela, ni el dramático desenlace de la otra sino —don harto más precioso— la figura, el andar, la voz y el modo de proceder de un personaje que vemos y recordamos como si fuese persona viva y la conociésemos y tratásemos.

Suelen censurar el estilo de Balzac sus jueces. Sainte-Beuve lo califica de «enervado, veteado, rosado, asiático, más descoyuntado y muelle que el cuerpo de un mimo antiguo». Si es cierto que le falta la sobriedad y la armonía, que en Balzac no cupo nunca, en cambio el estilo del autor de *Eugenia Grandet* posee lo que no se aprende ni se imita: la vida: Sus frases alientan, su colorido brillante y fastuoso las hace semejantes a rico esmalte oriental. Defectos, tiene todos los que faltan a Beyle: lirismo, hinchazón, hojarasca; pero ¡cuántos primores, cuántos lienzos de Tiziano y de Van Dick, qué interiores, qué retratos de mujer, qué paños y carnes tan jugosamente empastados! Walter Scott, al cual Balzac admiraba y respetaba con extremo ha sido más difuso sin ser tan feliz.

X
Flaubert

Flaubert se diferencia de Balzac como un hombre de un gigante. El autor de *La comedia humana* hizo épica la realidad; el autor de *Madame Bovary* nos la presenta cómico-dramática. Hay escritores que ven el mundo como reflejado en un espejo convexo, y, por consiguiente, desfigurado. Balzac lo miró con ojos lenticulares, que sin alterar la forma, aumentaban sus proporciones; Flaubert, en cambio, lo vio sin ilusión óptica; y no digo que lo contempló con ojeada serena, porque me parece que la frase se aviene mal con el pesimismo que de modo indirecto, pero eficaz, predican sus obras.

De Flaubert sí que no hay que preguntar dónde y cuándo aprendió lo mucho que sabía. Hijo de un médico afamado, se familiarizó presto con las ciencias naturales, y aunque la desahogada situación de su familia le permitió no abrazar más carrera que la de las letras, fue estudiante perpetuo y adquirió una cultura algo heterogénea y caprichosa, pero vastísima. Su amigo Máximo du Camp, que en un libro reciente, los *Recuerdos literarios*, comunica al público tantas y tan interesantes noticias acerca de Flaubert, dice que éste era, por su prodigiosa memoria y lectura inmensa, un diccionario viviente que se podía hojear con gusto y provecho. Mostró siempre Flaubert predilección hacia cierto linaje de estudios que hoy apenas atraen más que a entendimientos refinados y curiosos: la apologética cristiana, la historia de la Iglesia, los Santos Padres, las humanidades. Tan graves ejercicios intelectuales, unidos a su ardentísimo culto de la forma y a su sagacidad de implacable observador, hicieron de él un artista consumado, un clásico moderno.

Flaubert escribió menos libros y pocas más novelas que Stendhal. Su primer obra —aparte de un ensayo titulado *Noviembre*, que no llegó a hacer gemir las prensas— es *La Tentación de San Antonio*, especie de auto sacramental semejante al *Ashavero* de Edgar Quinet. El Santo ve desfilar ante sus deslumbrados ojos todas las seducciones de la carne y del espíritu, todos los lazos que el demonio puede tender a los sentidos, al corazón y a la mente; y pasan turbándole con sus palabras o con su aspecto, desde la Reina de Saba hasta la Esfinge y la Quimera, y desde la diosa Diana hasta los herejes nicolaítas. Cuando Flaubert leyó a sus amigos el manuscrito, prueba evidente de su peregrina erudición, éstos, mirándolo desde el punto de vista literario, emitieron el siguiente dictamen: «Has trazado un ángulo cuyas líneas divergentes se pierden en el espacio; has convertido la gota de agua en torrente, el torrente en río, el río en lago, el lago en océano y el océano en diluvio; te anegas, anegas a tus personajes, anegas el asunto, anegas al lector y se anega la obra». Y viendo que el fallo le consternaba, aconsejáronle que emprendiese otro trabajo, un libro donde pintase la vida real, y donde la misma vulgaridad del asunto le impidiese caer en el abuso del lirismo, defecto heredado de la escuela romántica. Flaubert tomó el consejo y produjo *Madame Bovary*. Andando el tiempo, solía decir a sus consejeros: «Me habéis operado el cáncer lírico: mucho me dolió pero era hora de extirparlo».

Gran salto hubo de dar Flaubert desde La Tentación hasta *Madame Bovary*. En La Tentación se revelaban sus variados y selectos conocimientos, su asidua lectura de teólogos, místicos y filósofos: en *Madame Bovary* cambia la decoración: no estamos en los desiertos de Oriente, sino en Yonville, poblachón atrasado y miserable: no presenciamos la gigantesca lucha del Santo asceta con las potestades del infierno, sino las vicisitudes de la familia de un medicucho de aldea. Todo es vulgar en *Madame Bovary*: el asunto, el lugar de la escena, los personajes; solo el talento del autor es extraordinario.

Emma Bovary nació en las últimas filas de la clase media; pero en el elegante colegio donde fue educada, se rozó con señoritas ricas e ilustres, y empezaron a depositarse en ella los gérmenes de la vanidad, concupiscencia y sed de goces, graves enfermedades de nuestro siglo. Poco a poco se van desarrollando estos gérmenes, y depravan el alma de la joven, esposa ya y madre de familia. Sentimentales amoríos, hábitos de lujo incompatibles con su modesta posición de mujer de un médico rural, trampas y desórdenes crecientes, complican de tal modo su situación, que cuando los acreedores la apremian se envenena con arsénico. Éste es el sencillo y terrible drama —tomado de un hecho cierto— que inmortalizó a Flaubert.

El argumento de *Madame Bovary* —que ha sido tan censurado y ha producido tal escándalo— fue sugerido a Flaubert, según declara Máximo du Camp, por la casualidad que le trajo a la memoria el recuerdo de una mujer desdichada que vivió y murió como su heroína. De la alta trascendencia social de obras como *Madame Bovary* y de su sentido moral hablaré más adelante, cuando toque la delicada cuestión de la moralidad en el arte literario; ahora me limito a hacer constar que Flaubert aceptó el primer dato que se le ofrecía, y que le sería indiferente aprovecharse de otro cualquiera. Historias como la de *Madame Bovary* no faltan; pero hasta Flaubert nadie las había referido así. El mismo Balzac, que comprendió bien el poder del dinero en nuestra sociedad, no llegó a manifestar con tanta energía como Flaubert la metalización que sufrimos. Un escritor menos analítico poetizaría a *Madame Bovary*, haciéndola morir abrumada bajo el peso de sus desengaños amorosos o de sus remordimientos devoradores, y no de sus vulgares deudas. Las páginas en que *Madame Bovary*, frenética y desalada, implora en vano de sus amantes la suma necesaria para aplacar a sus acreedores, son el estudio más cruel, pero más sincero y magnífico, que se habrá escrito sobre la dureza de los tiempos presentes y el poder del oro.

No es solo admirable en la obra maestra de Flaubert el vigor y la verdad de los caracteres; hay que considerarla también modelo de perfección literaria. El estilo es como lago transparente en cuyo fondo se ve un lecho de áurea y fina arena, o como lápida de jaspe pulimentado donde no es posible hallar ni leves desigualdades. Jamás decae, jamás se hincha; ni le falta ni le sobra requisito alguno; no hay neologismos, ni arcaísmos, ni giros rebuscados, ni frases galanas y artificiosas; menos aún desaliño, o esa vaguedad en las expresiones que suele llamarse fluidez. Es un estilo cabal, conciso sin pobreza, correcto sin frialdad, intachable sin purismo, irónico y natural a un tiempo, y en suma, trabajado con tal valentía y limpieza, que será clásico en breve, si no lo es ya. Las descripciones en *Madame Bovary* realizan el ideal del género. No comete Flaubert, aunque describe mucho, el pecado de pintar por pintar; si estudia lo que hoy se llama el medio ambiente, no lo hace por satisfacer un capricho de artista, o por lucirse hablando de cosas que conoce bien, sino porque importa al asunto o a los caracteres: y posee tino tan especial, que solo describe lo más saliente, lo más típico, y eso en pocas palabras, sin abusar del adjetivo, con dos o tres pinceladas maestras. Así es que en *Madame Bovary*, a pesar de la escrupulosa conciencia realista del autor, cada cosa está en su lugar, y siempre lo principal es principal, lo accesorio accesorio. La habilidad de Flaubert se patentiza así en lo que dice como en lo que omite: por donde es superior a Balzac, que usa tanto adorno superfluo.

Flaubert desconoció enteramente el valor de *Madame Bovary*; es más, le irritó su éxito. Le sacaba de quicio el que el público y los críticos la prefiriesen a sus demás obras, y para verle furioso no había sino aconsejarle que escribiese otra cosa por el estilo. «¡Que me dejen en paz con *Madame Bovary*!», solía exclamar. Durante los últimos años de su vida, quiso retirar de la circulación el libro, no permitiendo nuevas ediciones, y si no lo verificó, fue porque necesitaba dinero. No solo desdeñaba a *Madame Bovary*, considerándola inferior, por ejemplo, a La Tentación, sino que declaraba menospreciar el género a que pertenece, o sea el estudio analítico de la realidad en caracteres y costumbres, estimando únicamente el primor del estilo, la belleza de la frase, y asegurando que solo con ella se ganaba la inmortalidad; que Homero era tan moderno como Balzac, y que él daría a *Madame Bovary* entera por un párrafo de Chateaubriand o Víctor Hugo. Porque es de advertir que para Flaubert, entusiasta discípulo de la escuela romántica, ferviente admirador de Hugo, Dumas y Chateaubriand, la perfección del estilo no era aquella admirable sobriedad y nitidez que él alcanzaba, sino los oropeles líricos, la prosa poética y florida. Caso de ceguera literaria muy semejante a la que impulsó a Cervantes a preferir entre sus obras el *Persiles*.

Después de *Madame Bovary*, Salambona es lo mejor de Flaubert. Con la misma escrupulosidad que estudió las miserias de un lugarcillo en tiempo de Luis Felipe, reconstruyó Flaubert el mundo remoto, la misteriosa civilización púnica. Nos transportó a Cartago entre los contemporáneos de Amílcar, durante la sublevación de las tropas mercenarias que la república africana tenía a sueldo para auxiliarla contra Roma; y la heroína de la novela fue la virgen Salambona sacerdotisa de la Luna. Parece a primera vista que tales elementos compondrán un libro enfadoso, erudito quizá, pero no atractivo; algo semejante a las novelas arqueológicas que escribe el alemán Ebers. Pues nada de eso. Aunque el autor de Salambona nos conduzca a Cartago y a las cordilleras líbicas, al templo de Tanit y al pie del monstruoso ídolo de Moloch Salambona es en su género un estudio tan realista como *Madame Bovary*.

Prescindamos de la infatigable erudición que desplegó Flaubert para pintar la ciudad africana, de su viaje a las costas cartaginesas, de su esmero en revolver autores griegos y latinos; también lo hace Ebers, y mejor y más sólidamente; pero no por eso son menos soporíferas sus novelas. Lo que importa en obras

como Salambona, no es que los pormenores científicos sean incuestionable-
mente exactos, sino que la reconstrucción de la época, costumbres, personajes, sociedad y naturaleza no parezca artificiosa, y que el autor, permanecien-
do sabio se muestre artista; que en todo haya vida y unidad, y que ese mundo
exhumado de entre el polvo de los siglos se nos figure real, aunque extraño
y distinto del nuestro; que nos produzca la misma impresión de verdad que
causa el escrito jeroglífico al descifrarlo un egiptólogo, o el fósil al completarlo
un eminente naturalista, y que si no podemos decir con certeza absoluta «así
era Cartago», pensemos al menos que Cartago pudo ser así.

Con Salambona se acabaron los triunfos de Flaubert. *La educación sentimental*, novela en la cual puso sus cinco sentidos y cifró grandes esperanzas,
hizo un fiasco tan completo, que Flaubert, en sus acostumbrados arrebatos
de cólera, solía preguntar a sus amigos apretando los puños: «¿Pero me
podrán ustedes decir por qué no gustó aquel libraco?». La causa de que el
libraco no gustase merece referirse. Según el ya citado Máximo du Camp, en
la vida de Flaubert se reconocen dos períodos: durante el primero, los años
juveniles, Flaubert era de despejado ingenio y fecunda inventiva; aprendía sin
esfuerzo y trabajaba fácilmente; de pronto le hirió una horrible enfermedad,
mal misterioso que Paracelso llama el terremoto humano, y no solo su cuerpo
atlético, sino también su inteligencia lozana, quedaron como estremecidos en
su misma raíz, doblegados y en cierto modo paralizados. Dos extraños síntomas paralelos se notaron en el enfermo: aborreció el andar, en términos que
hasta le hacía daño ver pasearse a los demás, y para el trabajo literario se hizo
tan premioso y difícil, que copiaba veinte veces una página, la enmendaba, la
cruzaba, la raspaba, y de tal suerte se encarnizaba en la labor, que si un mes
lograba producir veinte páginas definitivas, decía hallarse rendido y muerto de
cansancio. Después de terminar una cuartilla gimiendo, suspirando y bañado
en sudor, levantábase de su escritorio e iba a tumbarse en un sofá, donde se
quedaba exánime.

Esta lentitud y enorme esfuerzo que le costaba cada una de sus obras, tar-
dando eternidades en concluirlas (La Tentación la limó, varió y retocó por
espacio de veinte años), provenía del afán de conseguir absoluta corrección
de estilo y completa exactitud en hechos y observaciones. Hubo momento
en que alcanzó ambas cosas sin exagerarlas y sin perjuicio de la creación

artística, y fue cuando produjo Salambona y *Madame Bovary*; pero después rompióse el equilibrio, y empezó a abusar del procedimiento, hasta el extremo de pasarse horas enteras cazando una repetición de vocales o una cacofonía, y meditando en si una coma estaba o no en su sitio, y de leerse treinta volúmenes sobre agricultura para escribir diez líneas con conocimiento de causa». De esta prolijidad resultó el fracaso de *La educación sentimental*, y sobre todo el de Bouvard y Pécuchet, su obra póstuma, donde la novela se convierte en monótona sátira social, pesado catálogo de lugares comunes e ideas corrientes, y donde una misma situación prolongada durante toda la obra y el lenguaje seco y esqueletado a fuerza de querer ser puro y sencillo, cansan al lector más animoso.

Ya se deba a enfermedad o a condición especial de su ingenio, merece notarse la decadencia de Flaubert, porque es caso poco frecuente el que un escritor decaiga y se esterilice por excesivo anhelo de exactitud y perfección, siendo así que la mayor parte, tan pronto cogen buena fama, se echan a dormir. Flaubert, al contrario, llamaba distraerse a escribir cuentos como el Corazón Sencillo, que representa seis meses de asiduo trabajo: a fuerza de afilar la punta del lápiz, Flaubert la quebró.

El fondo de las obras de Flaubert es pesimista, no porque él predique ni esas ni otras doctrinas, pues escritor más impersonal y reservado no se ha visto nunca, sino porque su implacable observación descubre a cada instante la flaqueza y nulidad de los propósitos e intentos humanos: ya nos muestre a *Madame Bovary* soñando amores poéticos y cayendo en prosaicas torpezas, ya a Salambona expirando horrorizada de su bárbaro triunfo, ya a Bouvard y Pécuchet estudiando ciencias y tragando libros para quedarse más sandios de lo que eran, no tiene Flaubert rincón donde puedan albergarse ilusiones consoladoras. Escarneció sobre todo la sociedad moderna, lo que se suele llamar ilustración, progreso, adelantos, industria y libertades. Éste es un aspecto de Flaubert que no dejaron de imitar Zola y sus secuaces; solo que Flaubert no obedecía a un sistema; hacíalo por instinto. En el trato con sus amigos, Flaubert se mostraba, al contrario, entusiasta y exaltado, y apasionábase fácilmente.

XI. Los hermanos Goncourt

Llegando a hablar de los hermanos Goncourt me ocurren dos ideas: la primera, que temo elogiarlos más de lo justo, porque me inspiran gran simpatía y
son mis autores predilectos, y así prefiero declarar desde ahora cuánta afición
les tengo, confesando ingenuamente que hasta sus defectos me cautivan. «La
muchedumbre —dice Zola— no se prosternará jamás ante los Goncourt; pero
tendrán su altar propio, riquísimo, bizantino, dorado y con curiosas pinturas,
donde irán a rezar los sibaritas». —Soy devota de ese altar, sin pretender erigir
en ley mi gusto, que procede quizá de mi temperamento de colorista—. La
segunda idea que me asalta es maravillarme de que haya quien califique a los
realistas de meros fotógrafos, militando en sus filas los dos escritores modernos que con mayor justicia pueden preciarse de pintores.
En España apenas son conocidos los Goncourt. Llámase el uno Edmundo, el
otro se llamó Julio; trabajaron en íntima colaboración produciendo novelas y
obras históricas hasta que Julio, el menor, bajó a la tumba. Tan unidos vivie-
ron, fundiendo sus estilos e ingenios, que el público los creía un solo escritor.
Edmundo, el vivo, en su bellísima novela Los Hermanos Zemganno, simbolizó
esta estrecha fraternidad intelectual en la historia de dos hermanos gimnastas
que juntos ejecutan en el circo arriesgadísimos ejercicios y mancomunan su
fuerza y destreza, llegando a ser un alma en dos cuerpos, y cuando el menor
se quiebra ambas piernas en una caída, Gianni, el mayor, renuncia a trabajos
que no puede compartir ya con su amado Nello. Dejaré al mismo Edmundo
de Goncourt explicar el cariño que los enlazaba. «No solamente se querían
los dos hermanos, sino que se sentían ligados entre sí por lazos misteriosos,
por ataduras psíquicas, por átomos adhesivos y naturalmente gemelos —aun
cuando la edad de ambos era diversa, y diametralmente opuestos sus caracteres—. Pero sus primeros movimientos instintivos eran exactamente idénticos...
No solo los individuos, sino los objetos inanimados, que sin razón fundada
atraen o repelen, les producían igual efecto. Y por último, las ideas, esas
creaciones del cerebro que nacen no se sabe cuándo ni por qué y brotan
sin saber cómo; las ideas, en que ni los mismos enamorados coinciden, eran
comunes y simultáneas en los dos hermanos... Y su trabajo se confundía de
tal modo, y de tal manera se mezclaban sus ejercicios, y lo que hacían era

tan de ambos, que nadie elogiaba a ninguno de ellos en particular, sino a la sociedad... Habían llegado a tener para dos un solo amor propio, una sola vanidad y un solo orgullo».

Mucho tiempo transcurrió sin que los Goncourt lograsen, no diré el aplauso, pero ni aun la atención del público. Alguna de sus novelas fue acogida con tanta indiferencia, que el disgusto del mal suceso aceleró la muerte de Julio. Ahora sí que, gracias al estrépito que mueve el naturalismo, comienzan a ser muy leídas las novelas de los Goncourt, y Edmundo, que al faltarle su hermano quedó desanimado y abatido y quiso colgar la péñola, vuelve a trabajar, y pasa por el tercer novelista vivo de Francia, no faltando quien le antepone a Daudet. Goncourt fue el primero que llamó documentos humanos a los hechos que el novelista observa y acopia para fundar en ellos sus creaciones. Pero los que imaginan que todo realista o naturalista está cortado por el patrón de Zola, se admirarían si entendiesen la originalidad de Goncourt. Ni se parece a Balzac ni a Flaubert; y aunque discípulo de Diderot, no toma de él sino el colorido y el arte de expresar sensaciones. Stendhal estudiaba el mecanismo psicológico y el proceso de las ideas, y los Goncourt, alumnos del mismo maestro, sobresalen en copiar con vivos toques la realidad sensible. Son, ante todo (inventemos, a ejemplo suyo, una palabra nueva), sensacionistas. No poseen la lucidez de Flaubert, ni su estilo perfecto, ni su impersonalidad poderosa: al contrario, si toman por materia primera lo real, es para vaciarlo en el molde de su individualidad, o como diría Zola, para mostrarlo al través de su temperamento.

En dos cosas descollaron los Goncourt: en conocer el arte y costumbres del siglo XVIII y manifestar los elementos estéticos del XIX. Estudiaron la centuria décimo-octava con fogosidad de artistas y paciencia de eruditos, comunicando al público el resultado de sus investigaciones en muchos y muy notables libros histórico-biográficos e histórico-anecdóticos; coleccionaron estampas, muebles, libros y folletos, todo lo concerniente a aquella época, no por reciente menos interesante; y de la actual mostraron en sus novelas multitud de aspectos poéticos en que nadie reparaba. Lejos de inventariar, como Flaubert, las miserias y ridiculeces de la sociedad moderna, o de limitarse por sistema, como Champfleury, a describir tipos y escenas vulgares, los Goncourt descubrieron en la vida contemporánea cierto ideal de hermosura que exclusivamente le pertenece y no pueden disputarle otras edades y tiempos. Por boca de uno de sus personajes dicen los Goncourt: «Todo está en lo moderno. La sensación e intuición de lo contemporáneo, del espectáculo con que tropezamos a la vuelta de la esquina, del momento presente, donde laten nuestras pasiones y como una parte de nosotros mismos, es todo para el artista». Y fieles a esta teoría, los Goncourt extraen de la vida actual lo artístico, como del oscuro carbón hace el químico surgir la deslumbradora luz eléctrica. Esta simpatía por la vida moderna puede tomar forma harto trillada y convertirse en admiración hacia los adelantos y mejoras científico-industriales de nuestro siglo: en los Goncourt la tomó más desusada y nueva, enteramente artística. Su ideal fue el de la generación presente, que no se limita a admirar una sola forma del arte, sino que las comprende y disfruta todas con refinado eclecticismo, prefiriendo quizá las extrañas a las hermosas, como les sucedía a los Goncourt. Un párrafo de Teófilo Gautier sobre el poeta Carlos Baudelaire define muy bien este modo de sentir el arte, y es aplicable a los Goncourt: «Gustábale... lo que impropiamente se llama estilo decadente, y no es sino el arte llegado a esa madurez extremada que produce el oblicuo Sol de las civilizaciones vetustas: estilo ingenioso, complicado, hábil, lleno de matices y tentativas, que ensancha los límites del idioma, pone a contribución todo vocabulario técnico, pide colores a toda paleta, notas a todo teclado, y se esfuerza en traducir los pensamientos más inefables, las formas y contornos más vagos y fugitivos... Tal es el idioma fatal y necesario de los pueblos en que la vida facticia sustituye a la natural, desarrollando en el hombre necesidades desconocidas. Y no es fácil de manejar este estilo que los pedantes desdeñan, porque expresa ideas nuevas con nuevos giros y palabras nunca escuchadas». ¡Si es fácil o no, solo lo sabe quien lucha con el indómito verbo para domarlo! Edmundo de Goncourt cree que su hermano Julio enfermó y murió de las heridas que recibió batallando con la frase rebelde, a la cual pedía lo que ningún escritor le pidiera jamás: que sobrepujase a la paleta. Antes de escribir, se habían dedicado los Goncourt a la pintura al óleo y grabado al agua fuerte, y rodeádose de primorosos bibelots, juguetes asiáticos, ricas armas, paños de seda japonesa bordados a realce, porcelanas curiosas. Solteros y dueños de sí, se entregaron libremente a su pasión de artistas, y al cultivar las letras quisieron expresar aquella hermosura del colorido que les cautivaba y aquella complejidad de sensaciones delicadas, agudas, en cierto modo paroxísmicas, que les producían la luz, los objetos, las formas, merced a la sutileza de sus sentidos y a la finura de su inteligencia. En vez de salir del paso exclamando (como suelen los escritores chirles) «no hallo palabras con que describir esto, aquello o lo de más allá», los Goncourt se propusieron hallar palabras siempre, aunque tuviesen que inventarlas.

Para comunicar al lector las impresiones de sus afinadísimos sentidos, los Goncourt amplían, enriquecen y dislocan el idioma francés. Indignados de la pobreza y deficiencia del habla al compararla con la abundancia y riquísima variedad de las sensaciones, le perdieron el respeto a la lengua, y fueron los más osados neologistas del mundo, sin reparar tampoco en tomarse otras licencias, pues no bastándoles la novedad de las palabras acudieron a colocarlas de un modo inusitado, siempre que así expresasen lo que el autor deseaba. Y no se limitaron a pintar lo exterior de las cosas y la sensación que produce su aspecto, sino las sugestiones de tristeza, júbilo o meditación que en ellas encuentra el ánimo: de suerte que no solo dominaron el colorido como Teófilo Gautier, sino el claro oscuro, la cantidad de luz o de sombra, que tanto influye en nuestro espíritu.

Los Goncourt se valen de todos los medios imaginables para lograr sus fines: repiten una misma palabra con objeto de que la excitación reiterada acreciente la intensidad de la sensación; emplean dos o tres sinónimos para nombrar un objeto; cometen tautologías y pleonasmos; inventan vocablos; sustantivan los adjetivos; incurren a cada paso en defectos que horrorizarían a Flaubert. A veces tales osadías dan resultados felicísimos, y un giro o una frase salta a los ojos del lector grabando en su retina y transmitiendo a su cerebro la viva imagen que el artista quiso mostrarle patente. Los procedimientos de los Goncourt, levemente atenuados, los adoptó Zola en sus mejores descripciones; Daudet a su vez tomó de ellos las exquisitas miniaturas que adornan algunas de sus páginas más selectas, y todo escritor colorista habrá de inspirarse, de hoy más, en la lectura de los dos hermanos.

¡Cuán bella y deleitable cosa es el color! Sin asentir a la doctrina de aquel sabio alemán que pretende que en tiempo de Homero los hombres veían muchos menos colores que hoy, y que este sentido se afina y enriquece a cada paso, no dejo de creer que el culto de la línea es anterior al del colorido, como la escultura a la pintura; y pienso que las letras, a medida que avanzan, expresan el color con más brío y fuerza y detallan mejor sus matices y delicadísimas transiciones, y que el estudio del color va complicándose lo mismo que se complicó el de la música desde los maestros italianos acá. En una Revista científica he leído no ha muchos días que existen sujetos que experimentan una sensación luminosa al escuchar un sonido, sensación luminosa y cromática que es siempre la misma cuando el sonido es igual, y varía cuando éste cambia. De modo que un sonido puede excitar la retina al par que el tímpano, y para el individuo dotado de tan singular propiedad, cada tono de sonido corresponde exactamente a un tono de color. A obtener resultados análogos se endereza el método de los Goncourt: escriben de suerte que las palabras produzcan vivas sensaciones cromáticas, y en eso consiste su indiscutible originalidad. Aunque la traducción forzosamente ha de deslucir el esmalte policromo de tan caprichoso estilo, trasladaré aquí un párrafo de la novela Manette Salomon, donde los Goncourt describen las exageraciones de un colorista, pero más bien parece que declaran su propio empeño de vencer al pincel con la pluma.

«Buscaba incesantemente el pintor medios de animar su paleta, de calentar los tonos, de abrillantarlos. Parado ante los escaparates de mineralogía, con propósito de despojar a la naturaleza apoderándose de las luces multicolores de las petrificaciones y cristalizaciones relampagueantes, se embelesaba con los azules de azurita, de un azul de esmalte chino; con los lánguidos azules de los cobres oxidados; con el celeste de la lazulita que pasa del azul real al azul marino. Seguía toda la escala del rojo, desde los mercurios sulfurados, acarminados y sangrientos, hasta el negro rojizo de la hematites, y soñaba con el amalito, color perdido del siglo XVI, entonación cardenalicia, verdadera púrpura romana... De los minerales se trasladaba a las conchas, a las coloraciones madres de la suavidad e idealidad del tono, a todas las variedades del rosa en una fundición de porcelana, desde la púrpura sombría hasta el rosa desmayado y el nácar donde el prisma se baña en leche. Inventariaba todas las irisaciones y opalizaciones del arco iris... En su pupila recogía el azul del zafiro, la sangre del rubí, el oriente de la perla, las aguas del diamante. Creía el pintor que para pintar necesitaba ya de cuanto brilla y arde en mar, tierra y cielo».

Esto mismo creen los Goncourt, y de ahí nacen las excepcionales condiciones —no me atrevo a decir cualidades, aunque tengo para mí que lo son— de su estilo. Me apresuro a añadir que los Goncourt no valen únicamente por eximios maestros del colorido y singulares intérpretes de la sensación, pues demostrado tienen también ser grandes observadores que saben estudiar caracteres. Es verdad que no proceden como Balzac, ni como Zola, quienes crearon personajes lógicos que obran conforme a los antecedentes sentados por el novelista, y van por donde los lleva la fatalidad de su complexión y la tiranía de las circunstancias. Los personajes de los Goncourt no son tan automáticos; parecen más caprichosos, más inexplicables para el lector; proceden con independencia relativa y, sin embargo, no se nos figuran maniquíes ni seres fantásticos y soñados, sino personas de carne y hueso, semejantes a muchos individuos que a cada paso encontramos en la vida real, y cuya conducta no podemos predecir con certeza, aun conociéndoles a fondo y sabiendo de antemano los móviles que en ellos pueden influir. La contradicción, irregularidad e inconsecuencia, el enigma que existe en el hombre, lo manifiestan los Goncourt mejor quizá que sus ilustres émulos.

Hay dos grupos de novelas que llevan el nombre de Goncourt al frente: uno es obra de los hermanos reunidos, otro de Edmundo solo; pero el método es igual en ambos. Nadie aplicó más radicalmente que los Goncourt el principio recientemente descubierto de que en la novela es lo de menos argumento y acción, y la suma de verdad artística lo importante. En algunas de sus novelas, como Sor Filomena y *René* Mauperin, todavía hay un drama, muy sencillo, pero drama al cabo: en Manette Salomon, Carlos Demailly, Germinia Lacerteux, apenas se encuentra más que la serie de los sucesos, incoherente al parecer, y lánguida a veces, como acontece en la vida: en Madama Gervaisais todavía es menor, o más delicado si se quiere, el interés de la narración; no existen acontecimientos, y el drama íntimo y hondo de la conversión de una librepensadora al catolicismo se representa en el alma de la protagonista. Esta novela sorprendente no solo carece de asunto en el sentido usual de la frase, sino también de diálogo.

Poseen los Goncourt un fuertísimo microscopio, y lo emplean, no tanto en registrar el alma humana y visitar los repliegues del cerebro, cuanto en observar en todos los objetos detalles menudos, exquisitos y curiosos, hilos delgadísimos que tejen la realidad. Para otros autores, la vida es tela grosera; para los Goncourt, encaje primoroso cuajado de cenefas, flores y estrellitas delicadísimas que bordó diestra mano. Parece que bajo el cristal de su microscopio —como bajo el de los sagaces naturalistas que descubrieron el mundo de los infusorios y las regiones micrográficas— la creación se dilata, se multiplica y se ahonda.

Las novelas más celebradas de los Goncourt son Germinia Lacerteux y La Elisa. El éxito de ellas se debe quizá a la curiosidad y gusto depravado del público, que suele preferir ciertos asuntos y buscar en la novela la satisfacción de ciertos apetitos. Para mí las obras mejores de los Goncourt son el hermoso poema de amor fraternal titulado Los Hermanos Zemganno, donde la poesía se cobija tras la verdad —como la perla en la valva del feo molusco; y sobre todo, la admirable Manette Salomon, donde los egregios escritores encontraron aquello que tanto aprecia el artista, la conformidad del genio con el asunto.

XII. Daudet

Alfonso Daudet nació en el mediodía de Francia, país de literatura amena y clima benigno, semejante por esto a nuestra Andalucía. La templada atmósfera, el claro Sol y la vegetación floribunda de las zonas meridionales parecen reflejarse en el carácter de Alfonso Daudet, en su chispeante fantasía y feliz complexión literaria. Su hermano Ernesto, en el libro titulado Mi Hermano y Yo, descubre la precocidad del talento de Alfonso, y afirma que su primer novela, escrita a los quince años de edad, sería digna de figurar en la colección de sus obras actuales, observando también que la crítica no ha podido encontrar inferioridad relativa entre los distintos libros que publicó, ni elegir y señalar una obra suya superior a las restantes, como hizo con los Goncourt, Flaubert y Zola.

Azarosos fueron los prodromos de la historia literaria de Alfonso Daudet. Luchó de un modo heroico contra la estrechez en que poco a poco se vio envuelta su familia —estrechez que llegó a rayar en pobreza—; entró de inspector en un colegio, acogióse después a la prensa, y desde su asilo comenzó a trabajar modesta y valerosamente para formarse una reputación. Su primer libro fue un tomo de versos, Las enamoradas, por el cual la crítica le dijo, con hiperbólico encarecimiento, que había recogido la pluma del difunto Alfredo de Musset; luego se dedicó a la prosa, empezando por componer cuentecillos breves, estudios ligeros sobre cualquier tema, descripciones de lugares y tipos de su país, y de estas acuarelas fue pasando a cuadros de caballete, o sea novelas de costumbres, hasta que por último se atrevió a cubrir de color vastos lienzos, grandes novelas sociales: grandes digo, no por las dimensiones, sino por la profundidad de observación que encierran.

No falta quien excluya a Alfonso Daudet de la escuela realista y naturalista, fundándose en ciertas dotes poéticas de su ingenio. Yo pienso que entre los realistas debemos clasificar sin género de duda al autor de Numa Roumestán. En efecto: los procedimientos de Alfonso Daudet, su método para componer e idear, son del todo realistas. Antes de acostarse, apunta minuciosamente los sucesos y particularidades que notó durante el día (a imitación de Dickens, con el cual tiene muchos puntos de contacto), y bien se puede asegurar que no hay pormenor, carácter ni acontecimiento en sus novelas que no esté sacado de esos cuadernos o del rico tesoro de su memoria. Zola dice acertadamente que Daudet carece de imaginación en el sentido que solemos dar a este vocablo, pues nada inventa: solamente escoge, combina, dispone los materiales que de la realidad tomó. Su personalidad literaria, lo que Zola llama temperamento, interviene después y funde el metal de la realidad en su propia turquesa. ¡Notable engaño el de los que creen que, por ajustarse al método realista, abdica un autor su libre facultad creadora, y lo afirman con tono doctoral, lo mismo que si formulasen irrecusable axioma de estética!

Daudet ve las cosas a su modo y las estudia, no con la severa impersonalidad de un Flaubert, no con la intensa emoción artística de los Goncourt, no con la lucidez de visionario de un Balzac, sino con sensibilidad ingenua, con esa velada y suave y honda ironía que conocen bien los asiduos lectores de Dickens. No es frío analizador, no es el médico refiriendo con glacial indiferencia los síntomas de una enfermedad, ni tampoco el artista que busca ante todo la perfección; es el narrador apasionado, que simpatiza con unos héroes y se indigna contra otros, cuya voz tiembla a veces, cuyos ojos anubla furtiva lágrima.

Sin hablar incesantemente de sí propio, sin cortar el relato para dirigir al que lee reflexiones y advertencias, Daudet sabe no ausentarse jamás de sus libros; su presencia los anima. Una de sus novelas, Le Petit Chose, está tejida con sucesos de la infancia y adolescencia del autor, y sus personajes son individuos de la familia Daudet; pero aun cuando no concurra en ellas esta misma circunstancia, todas las obras de Daudet conmueven, porque sabe practicar el si vis me flere... del modo discreto que lo consiente el arte contemporáneo; no por medio de exclamaciones y apóstrofes, sino con cierto calor en el estilo, con inflexiones gramaticales muy tiernas, muy penetrantes, que llegan al alma. Conocemos, aunque el autor no se tome el trabajo de advertírnoslo, que profesa afición a éste o aquel personaje; escuchamos la risa melodiosa y sonora con que se burla de los pícaros y de los necios; mas todo esto lo distinguimos al trasluz, y gozamos del placer de adivinarlo. Mientras Stendhal cansa, como cansaría una demostración matemática, y los Goncourt excitan los nervios y deslumbran la pupila, y Flaubert abruma y causa esplín y misantropía; Daudet consuela, refresca y divierte el espíritu, sin echar mano de embustes y patrañas como los idealistas, con solo la magia de su amorosa condición y simpático carácter. Aquella nota festiva, ligera a veces, que en la vida no falta y sí en las novelas de Zola, la posee el teclado de Daudet. Es su talento de índole femenina, no por lo endeble, sino por lo gracioso y atractivo.

Su estilo parece labrado sin violencia ni esfuerzo, con grato abandono, aunque sin descuido. Y no obstante, si Julio de Goncourt murió extenuado y hasta loco de puro adelgazar la frase para imprimirle intensa vibración nerviosa; si Flaubert sudaba y gemía al limar sus páginas como el leñador a cada golpe que descarga sobre el árbol; si Zola llora de rabia y se trata de idiota al releer lo que escribe, y otra vez lo pone en el yunque y vuelve a martillarlo hasta darle la apetecida forma, Ernesto Daudet asegura que al redactar alguna página suelta, armoniosa, donde la frase fluye majestuosamente a modo de río que rueda arenas de oro, su hermano, exigente consigo mismo, lidia, sufre y palidece, quedando enfermo de cansancio para muchos días. ¡Ésta es la difícil facilidad por tantos deseada y obtenida por tan pocos!

No atesora Alfonso Daudet la portentosa cultura especial de los Goncourt, ni menos la vasta erudición de Flaubert. Sabe lo que necesita saber, ni más ni menos; el resto se lo figura, y en paz. Ni alardea de filósofo, ni se precia con exceso de estilista y gramático, ni sería capaz de sujetarse a los severos estudios que pide una obra como Salambona, por ejemplo. Sus viajes de exploración los hace al través del mundo social, recorriendo a París en todas direcciones, escudriñándolo todo con sus ojos miopes que concentran la luz, y observando cuantas variadas y curiosas escenas se desarrollan en la vida de la gran capital, donde ni faltan comedias, ni escasean dramas, ni deja a veces la tragedia de surgir, puñal en mano, sobre la trama, vulgar en apariencia, de los sucesos.

Ofrece Alfonso Daudet un fenómeno, revelador de su naturaleza de artista: gústale, sobre todo, estudiar los tipos raros y originales, las costumbres extrañas y pintorescas que un momento se dibujan, como muecas rápidas, en la fisonomía mudable y cosmopolita de París. Prefiere estas contracciones pasajeras al aspecto normal, y goza en fotografiar instantáneamente —y este-reotiparlas después— esas existencias de murciélago, entre luz y sombra, esos tipos sospechosos que se llamaron un tiempo la bohemia; aventureros de la ciencia, de la banca, del arte; figuras heteróclitas, que hunden los pies en el fango y levantan a los cielos del lujo y de la celebridad su frente; gentes de quienes hablan hoy todos los periódicos y mañana se enterrarán quizá en la fosa común. En alguna de las novelas de Daudet, el *Nabab* por ejemplo, casi todos los personajes son de esta ralea: el médico norte-americano Jenkins, mezcla de Locusta y Celestina; Felicia Ruys, mitad artista excelsa y mitad cortesana; el nabab Jansoulet, la ex-odalisca su mujer, todos son personajes extraordinarios, hongos que brotan en la podredumbre de una sociedad vieja, de una capital babilónica, y cuya forma singular y ponzoñosos colores atraen la mirada y la cautivan más que la belleza de las rosas.

Fue el *Nabab* la primer novela de Daudet que ganó a su autor celebridad inmensa: y la causa de su éxito —¡triste es decirlo!— se debió en gran parte a que la novela estaba salpicada de indiscreciones, o sea de noticias anecdóticas referentes a cierto período del segundo imperio, y a elevados personajes que en él figuraron. Triste es decirlo, repito, porque el hecho atestigua que el público es incapaz de interesarse por la literatura sola y sin aditamentos, y que si un autor se hace célebre de golpe y vende edición tras edición de un libro, es que supo espolvorearlo con la sal y pimienta de la crónica escandalosa. Cuando se dijo que el *Nabab* tenía clave; cuando se supo que Alfonso Daudet, comensal y protegido del duque de Morny lo exhibía en los mínimos detalles de su vida privada, hubo quien se escandalizó tratando al autor de desagradecido y vil; yo me escandalizo más aún de las gentes que por esa ingratitud y esa vileza, y no por el resplandor de su hermosura, conocieron entonces el ingenio de Daudet.

Alegó Alfonso Daudet, para lavarse de la mancha de ingrato, que él no había desfigurado ni afeado el perfil del duque de Morny ni de ninguna de las personas que retrataba; que la opinión general se las representaba muchísimo más feas, y que si ellas viviesen, a buen seguro que le agradecerían los rasgos que les prestó. Como artista, expuso otra razón más poderosa: su absoluta incapacidad para inventar, y la fuerza invencible con que el modelo vivo se le incrustaba en la memoria, en términos de no permitirle reposo hasta que los trasladaba al papel.

Realmente es arduo el problema. ¿Por qué hacer al novelista de peor condición que el pintor? Va éste, supongamos, a una sociedad o a un festín, adonde le convidan; mira en torno suyo; se fija en la cabeza del anfitrión, en las formas de alguna señorita que se sienta a su lado; vuelve a casa, coge los pinceles, y sin el menor escrúpulo pasa al lienzo lo que vio, y nadie le tacha de ingrato ni le califica de miserable. Pero que un escritor realista se resuelva a aprovechar el más mínimo detalle observado en casa de un amigo, hasta de un indiferente o enemigo jurado y diránle que rasga el velo de la vida privada, que viola el sagrado del hogar, y todo el mundo se dará por ofendido, y hasta le pondrán pleito, como a Zola, por el apellido de un personaje.

Claro está que el novelista digno de este nombre, al coger la pluma, no obedece a antipatías ni a rencores, ni ejerce una misión vengadora, ni es siquiera el satírico que aspira a clavar en la picota al individuo y a la sociedad. Su propósito es muy diverso: obedece a su musa, que le ordena estudiar, comprender y exponer la realidad que nos rodea. Así es que, volviendo a Daudet, lo que éste toma indistintamente de sus amigos o de sus adversarios, no es aquella verdad nimia que aun los biógrafos desdeñan, sino ciertos datos que son como el trozo de madera o hierro llamado alma en que los escultores apoyan y sustentan el barro al modelarlo: la armazón, digámoslo así. El nababo Jansoulet, por ejemplo, existió; pero Daudet, al escribirlo, conservó el fondo y modificó hartos pormenores.

Si en alguna novela de Daudet hay intención satírica, es en *Los reyes en el destierro*. El autor se propuso allí demostrar, y no sé si demostró; sé que el propósito se transparenta. Sin embargo, a fuer de consumado artista, evitó la caricatura y diseñó el nobilísimo y augusto contorno de la Reina de Iliria. El monárquico más monárquico no haría cosa tan bella.

Además del mundo parisiense descuella Daudet en describir su provincia con donaire singular. Conoce a los meridionales; y ya nos cuente la burlesca epopeya de *Tartarín de Tarascón* el Quijote de Gascuña, que sale de su villa natal resuelto a matar leones en las africanas selvas, y solo consigue cazar a un pollino y rematar a un león viejo, ciego y agonizante; ya perfile con trazos tan genuinos y fisonomía tan regional al tamborilero de *Numa Roumestán*, o al mismo Numa, carácter soberano que lleva el sello indeleble de una localidad, siempre nos hará sonreír Daudet, y nos conmoverá siempre.

Opina Zola que Daudet está providencialmente destinado a reconciliar al público con la escuela naturalista, mediante las dotes con que se capta las simpatías del lector, y las cualidades que le abren puertas cerradas para Zola; las del hogar doméstico, las de la elegante biblioteca de palo de rosa, adorno del gabinete de las damas. Tengo para mí que esas puertas no se franquearán jamás a todas las obras de Zola, aunque envíe delante a cien Daudets allanando obstáculos. Daudet pertenece a la misma escuela que Zola, es cierto; pero se contenta con acusar la musculatura de la realidad, mientras el otro la desuella con sus dedos de hierro y la presenta al lector en láminas clínicas. Pocos estantes de palo de rosa gemirán bajo el peso de Pot-Bouille.

Alfonso Daudet posee una colaboradora, que es su mujer, autora también de algún libro. ¿Quién sabe si a tan blando influjo se deberá el que Daudet huya de extremar el método naturalista y se mantenga —según reconoce con generosa imparcialidad Zola— en el punto crítico donde acaba la poesía y comienza la verdad?

XIII. Zola. Su vida y carácter

Reservé adrede el último lugar para el jefe de la escuela naturalista, y hablé primero de Flaubert, Daudet y los Goncourt, no tanto por ceñirme al orden cronológico, cuanto por no emprenderla con el discutidísimo novelista, sin estudiar antes las variadas fisonomías de sus compañeros, cuya diversidad es argumento poderoso a favor del realismo. Si Stendhal no se parece a Balzac, ni Balzac a Flaubert; si los hermanos Goncourt lucen tan peregrinas y nuevas condiciones artísticas, y Daudet es tan personal, Zola a su vez se distingue de todos ellos.

Trataré de Zola más despacio que de sus colegas, no porque le otorgue la primacía —solo el tiempo decidirá si la merece— pero porque, cuando el valor de sus obras pudiera negarse, no así el puesto de jefe y campeón del naturalismo, que ocupa. Zola es —además de novelista revolucionario que dispara libros a manera de bombas, cuyo estrépito obliga a la indiferente multitud a volver la cabeza y arremolinarse atónita— expositor, apologista y propagandista de una doctrina nueva que formula en páginas belicosas. En vano rehúsa el título de jefe de escuela, asegurando que el naturalismo es antiguo, que él no se lo ha encontrado en los bolsillos del gabán, que a nadie lo impone, y que antes que él lo siguieron otros autores. Claro está que un hombre solo, por eminente que sea su genio, no improvisa un movimiento literario; pero basta para que le llamemos jefe, que las circunstancias o sus propios arrestos le traigan a acaudillarlo, como acaudilla Zola con gran bizarría las huestes de lo que todo el mundo llama ya naturalismo.

A Pablo Alexis discípulo de los más adictos de Zola, debemos cantidad de pormenores biográficos referentes al maestro. Emilio Zola nació en París el año 1840: por sus venas corre sangre italiana, griega y francesa: su padre era ingeniero. El futuro novelista no se mostró de muy despejado entendimiento en sus primeros años y estudios: en las casillas de su cerebro no encajaba la retórica, y hasta dos veces fue reprobado en los exámenes del bachillerato en letras. Por fallecimiento de su padre, Zola se halló privado de recursos, y para no morirse literalmente de hambre, desempeñó humildes empleos y tuvo a gran fortuna poder ingresar en el establecimiento de librería de Hachette, donde ejerció funciones más manuales que literarias. Desde aquel modesto asilo, a la sombra de los estantes cargados de volúmenes, comenzó a escribir: sus ensayos pasaron inadvertidos, y aunque Villemessant, amigo de proteger a los principiantes, le confió la sección bibliográfica del Fígaro, no tuvieron mejor suerte sus artículos de crítica que sus trabajos de amena literatura. Los *Cuentos a Ninon*, donde no faltan páginas hermosas, fueron acogidos con indiferencia, y el pobre commis de librería, enterrado tras del pupitre, desconocido, anegado en el mar inmenso de las letras parisienses, sufría torturas no inferiores a las de Sísifo y Tántalo, al presenciar la rápida venta de libros ajenos y el estancamiento de los propios.

¡Cuántas vigilias, cuántas horas de cavilaciones febriles corren para el autor que siente pesar sobre su alma la oscuridad de su nombre, como pesa en invierno la tierra sobre el germen! Zola maduraba una idea que había de reportarle fama y bienestar; proyectaba escribir algo análogo a *La comedia humana* de Balzac, un ciclo de novelas donde estudiase, en la historia de los individuos de una familia, las diferentes clases y aspectos de la sociedad francesa bajo el cetro de Luis Napoleón; pero necesitaba un editor que se asociase a sus planes y no temiera emprender la publicación de tan vasta serie de obras, de autor casi desconocido. Consiguió por fin que Lacroix se arriesgase a editarle una novela, y se comprometió a entregarle dos cada año, y que le pagase por ellas un sueldo de dos mil reales al mes: la propiedad del libro quedaba por diez años enajenada a favor del editor, y lo mismo los derechos de traducción e inserción en folletines. Así que Zola granjeó esta renta mezquina, retiróse a Batignolles, y allí, en una casita con huerto poblado de conejos, gallinas y patos, comenzó la vida de productor metódico e incansable que desde entonces lleva.

No protegía la suerte al editor Lacroix, y hubo de liquidar y traspasó los negocios emprendidos al fénix de los editores, llamado Charpentier. Ya en poder de éste, Zola, que es muy despacioso en idear y escribir, se retrasó en la entrega de los dos tomos anuales estipulados, y hallóse debiendo al editor dos mil duros adelantados por éste: grata sorpresa causóle, pues, Charpentier cuando, llamándole a su despacho, le declaró que sus libros producían dinero, que no quería abusar de un contrato leonino, y que no solamente se daba por cobrado de su anticipo, sino que le ofrecía otra suma igual, asociándole además a sus ganancias futuras y asegurándole un lucido rédito sobre los volúmenes anteriormente publicados. Esto era para Zola, más que dorada medianía, riqueza; animóse, y en vez de gastar en alegre y poética holganza sus fondos, se aplicó a trabajar con más ardor que nunca.

A fuer de enemigo de los románticos, se propuso Zola vivir enteramente al revés que ellos y llevar una existencia ordenada, en prosa, por decirlo así. Su huerto, su gabinete de estudio, sus contados amigos, su familia, alguna reunión en casa del editor Charpentier, son las ocupaciones que le absorben y las distracciones que goza. Levántase siempre a la misma hora, se sienta al escritorio, y despacha sus tres cuartillas de novela, ni más ni menos; echa su siesta para restaurar el sistema nervioso y no gastar más cerebro del necesario; despierta, hace ejercicio, ensarta un fulminante artículo crítico de los que tanto escuecen a sus compañeros en letras, y después asiste al teatro o pasa la noche recogido en su hogar; y este método es invariable y exacto como la marcha de un reloj... cuando rige bien, por supuesto.

Recordando el modo de vivir de la generación que precedió a Zola, se advierte el contraste. Devorados por su ardiente fantasía, la mayor parte de los poetas y literatos del romanticismo pudieron decir con nuestro Espronceda: «siempre juguete fui de mis pasiones». La inspiración, que para Zola es una criada fiel y laboriosa que todas las mañanas a la misma hora viene a cumplir su obligación de hilar tres cuartillas, era para los románticos una amante caprichosa y coqueta que cuando menos se percataban acudía a otorgarles dulcísimos favores, y luego se volaba como un pájaro; al sentir el roce de sus alas, Alfredo de Musset encendía las bujías y abría de par en par el balcón para que entrase la musa. Otros la invocaban sobreexcitando sus facultades con el abuso del café, del opio o de la cerveza, y para todos era feliz aventura lo que hoy para Zola es función natural, digámoslo así, o costumbre adquirida, como la de la siesta que duerme.

Los rostros, la apostura y hasta el traje poseen una elocuencia no accesible quizá a los profanos, pero clarísima para el observador. Al comparar los retratos de algunos corifeos del romanticismo con el único que de Zola pude procurarme, comprendí, mejor que leyendo un tomo de historia de la literatura moderna cuánta distancia separa a Graziella del *Assommoir.* El pensamiento se graba en la faz, las ideas se filtran, se transparentan bajo el cutis, y los semblantes de la generación romántica descubren aquellos entusiasmos y melancolías, aquel ideal poético y filosófico que caldea sus obras. El largo cabello, las facciones finas, expresivas, más bien descarnadas, lo caprichoso del traje, el fuego de los ojos, el porte altivo y meditabundo a la vez, son rasgos comunes a la especie; pueden darse estas señas lo mismo de la apolínica e imberbe faz de Byron o de Lamartine que de las elegantes y soñadoras cabezas de Espronceda, Zorrilla y Musset. En cuanto a Zola...

Su cara es redonda, su cráneo macizo, su nuca poderosa, sus hombros anchos como de cariátide, tiene trigueña la color, roma la nariz, recia la barba y recio y corto también el cabello. Ni en su cuerpo atlético ni en su escrutadora mirada hay aquella distinción, aquel misterioso atractivo, aquella actitud aristocrática, un tanto teatral, que poseyó Chateaubriand en sus buenos tiempos, y hace que al contemplar su retrato se quede uno pensativo y vuelva a mirarlo otra vez. Si algún rasgo característico ofrece el tipo de Zola, es la fuerza y el equilibrio intelectual, patentes en el tamaño y proporciones armónicas del cerebro, que se adivina por la forma de la bóveda craneana y el ángulo recto de la frente.

En resumen: el físico de Zola corresponde al prosaísmo, al concepto mesocrático de la vida, que domina en sus obras. No se entienda que al decir prosaísmo de Zola me refiero al hecho de que trate en sus novelas asuntos bajos, feos o vulgares. Goethe siente que no hay tales asuntos, y que el poeta puede embellecer cuantos adopte. Aludo más bien al carácter, vida y actos del escritor naturalista, donde falta del todo eso que los franceses llaman rêverie (la palabra española ensueño no lo expresa bien), y aludo, en suma, a la proscripción del lirismo, a la rehabilitación de lo práctico, que supone la conducta de Zola.

Como los antiguos atletas, Zola hace profesión de limpieza y honestidad de costumbres, y se jacta de preferir, como Flaubert, la amistad al amor, declarándose un tanto misógino o aborrecedor del bello sexo, y desdeñando a Sainte-Beuve por apegado a las faldas en demasía. A este alarde de continencia añade Zola otro de conyugal ternura, y habla siempre de su mujer de un modo no galante ni apasionado, que eso no está en su cuerda, pero si cariñosote y cordial en extremo. Su vida interior es pacífica y ejemplar, y huyendo de la sociedad, se complace en la compañía de su madre, su mujer y sus hijos, acariciando la esperanza de retirarse, andando el tiempo, a alguna aldea, a algún rincón fértil y sosegado.

Tal es el terrible jefe del naturalismo, el autor diabólico cuyo nombre estremece a unos, y a otros enfurece; el novelista cuyas obras encienden en rubor el semblante de las damas que las leen por casualidad; el cronista de las abominaciones, impurezas, pecados y fealdades contemporáneas. Él dice de sí propio: «Soy un ciudadano inofensivo, y nada más. ¡Ay de mí! Ni siquiera tengo un vicio».

A San Agustín le compararon con un águila; Zola compara a Balzac con un toro: ¿por qué no he de permitirme también un símil zoológico, diciendo que el animal a quien más se asemeja Zola es el buey? Como él, es vigoroso, forzudo y lento. Como él, abre despacio el surco, y se ve el esfuerzo de su testuz al remover la tierra hondamente arrancando piedras y estorbos. Como él, no tiene gracia, ni finura, ni alegría, ni son airosas sus formas, ni su paso es ágil. Como él, hace labor sólida y duradera.

En lo que no se parece Zola al buey es en la mansedumbre. Para la lucha se convierte en toro, y toro furioso, que arremete a ciegas al adversario, soportando impertérrito en su dura piel los pinchazos de la crítica. Una persona sensible, tímida y cosquillosa, estaría ya muerta si sobre ella descargasen los insultos y ataques que llovieron sobre Zola; mientras él los recibe, no ya con indiferencia, sino como estímulos y espolazos que más le animan al combate. Cuando publicó el *Assommoir* levantóse un somatén general: no quedó injuria que no le prodigasen; como suele suceder, el público confundió al autor con la obra, y le atribuyó las groserías y delitos de todos sus personajes, lo mismo que a Balzac se le acusó de libertinaje porque reseñaba costumbres licenciosas. Hasta creyeron a Zola viejo feo y ridículo, y le supusieron parroquiano de la innoble taberna que describe, jurando que debía hablar la jerga de los barrios bajos; como si para conocer esa jerga y poder trasladarla al papel en un libro como el *Assommoir*, no se necesitase ser, ante todo, literato, y hasta filólogo sagaz.

Zola se creció ante los ataques, que debieron lisonjearle mucho, según su teoría de que solo las obras discutidas valen y viven. Desdeñando la opinión así del público que le admira como del que le insulta, prescinde del juicio de la multitud y se propone domarla e imponerle el suyo propio. En sus labios no brilla la dulce sonrisa de Daudet, sino un mohín de reto y orgullo. No seduce, desafía; no se reporta ni se corrige, antes acentúa su manera en cada libro. Ediciones innumerables, celebridad ruidosísima, traducciones a todos los idiomas, las columnas de la prensa llenas del sonido de su nombre, la transformación literaria que sufrimos vaciada en sus moldes, son motivos suficientes para que Zola, a despecho del lodo que le arrojan a la faz, crea que el triunfo está de su parte y que él es quien acertó con el gusto de nuestro siglo.

XIV. Zola. Sus tendencias

El ciclo de novelas a que debe Zola su estruendosa fama se titula Los *Rougon Macquart, Historia natural* y Social de una Familia Bajo el Segundo Imperio. Herida esta familia en su mismo tronco por la neurosis, se va comunicando la lesión a todas las ramas del árbol, y adoptando diversas formas, ya se presenta como locura furiosa y homicida, ya como imbecilidad, ya como vicio de alcoholismo, ya como genio artístico; y el novelista, habiendo trazado en persona el árbol genealógico de la estirpe de Rougon, con sus mezclas, fusiones y saltos atrás, reseña las metamorfosis del terrible mal hereditario, estudiando en cada una de sus novelas un caso de enfermedad tan misteriosa.

Adviértase que la idea fundamental de los *Rougon Macquart* no es artística, sino científica, y que los antecedentes del famoso ciclo, si bien lo miramos, se encuentran en Darwin y Haeckel mejor que en Stendhal, Flaubert o Balzac. La ley de transmisión hereditaria, que imprime caracteres indelebles en los individuos por cuyas venas corre una misma sangre; la de selección natural, que elimina los organismos débiles y conserva los fuertes y aptos para la vida; la de lucha por la existencia, que desempeña oficio análogo; la de adaptación, que condiciona a los seres orgánicos conforme al medio ambiente; en suma, cuantas forman el cuerpo de doctrinas evolucionistas predicado por el autor del Origen de las Especies, pueden verse aplicadas en las novelas de Zola.

Atentos solamente al aspecto literario de éstas, suelen los críticos reírse del aparato científico que despliega el jefe de la escuela naturalista: lo cual me parece ligereza notoria, dado que Zola no es un Edgardo Poe que se sirva de la ciencia como de entretenida fantasmagoría o medio de excitar la curiosidad del lector. Prescindir del conato científico en Zola, es proponerse deliberadamente no entenderlo, es ignorar dónde reside su fuerza, en qué consiste su flaqueza y cómo formuló la estética del naturalismo. Su fuerza digo, porque nuestra época se paga de las tentativas de fusión entre las ciencias físicas y el arte, aun cuando se realicen de modo tan burdo como en los libros de Julio Verne, y por muchas burletas y donaires que los gacetilleros disparen a Zola con motivo de su famoso árbol genealógico y sus alardes de fisiólogo y médico, no impedirán que la generación nueva se vaya tras sus obras, atraída por el olor de las mismas ideas con que la nutren en aulas, anfiteatros, ateneos y revistas, pero despojadas de la severidad didáctica y vestidas de carne.

Digo su flaqueza, porque si es verdad que hoy exigimos al arte que estribe en el firmísimo asiento de la verdad, como no tiene por objeto principal indagarla, y la ciencia sí, el artista que se proponga fines distintos de la realización de la belleza, tarde o temprano, con seguridad infalible, verá desmoronarse el edificio que erija. Zola incurre a sabiendas en tan grave herejía estética, y será castigado, no lo dudemos, por donde más pecó.

Curioso libro podría escribir la persona que dominase con igual señorío letras y ciencias, sobre el darwinismo en el arte contemporáneo. En él se contendría la clave del pesimismo, no poético a la manera de Leopardi, sino depresivo, que como negro y mefítico vapor se exhala de las novelas de Zola; del empeño de patentizar y describir la bestia humana, o sea el hombre esclavo del instinto, sometido a la fatalidad de su complexión física y a la tiranía del medio ambiente; de la mal disimulada preferencia por la reproducción de tipos que demuestren la tesis; idiotas, histéricas, borrachos, fanáticos, dementes, o personas tan desprovistas de sentido moral, como los ciegos de sensibilidad en la retina.

Los darwinistas consecuentes y acérrimos, para apoyar su teoría de la descendencia animal del hombre, gustan de recordarnos las tribus salvajes de Australia y describirnos aquellas enfermedades en que la responsabilidad y la conciencia fallecen; Zola los imita, y en un arranque de sinceridad, declara que prefiere el estudio del caso patológico al del estado normal, que es, sin embargo, lo que en la realidad abunda.

Aquí ocurre una pregunta: ¿será censurable en Zola el fundar sus trabajos artísticos en la ciencia moderna y consagrarlos a demostrarla? ¿No parece más bien loable intento? Paso; enterémonos primero de qué cosa son las ciencias a que Zola se atiene.

No es ahora ocasión propicia para aquilatar la certidumbre o falsedad del darwinismo y doctrina evolucionista: hícelo en otro lugar lo mejor que supe, y lo digo, no por alabarme, sino a fin que no me acuse algún malicioso de hablar aquí de cosas que no procuré entender. Pero, en resumen, limitándome a exponer el dictamen de los más calificados e imparciales autores, indicaré que el darwinismo no pertenece al número de aquellas verdades científicas demostradas con evidencia por el método positivo y experimental que Zola preconiza, como, por ejemplo, la conversión de la energía y correlación de las fuerzas, la gravitación, ciertas propiedades de la materia y muchos asombrosos descubrimientos astronómicos; sino que, hasta la fecha, no pasa de sistema atrevido, fundado en algunos principios y hechos ciertos; pero riquísimo en hipótesis gratuitas, que no descansan en ninguna prueba sólida, por más que anden a caza de ellas numerosos sabios especialistas allá por Inglaterra, Alemania y Rusia. Ahora bien: como quiera que en achaque de ciencias exactas, físicas y naturales tenemos derecho para exigir demostración, sin lo cual nos negamos terminantemente a creer y rechazamos lo arbitrario, he aquí que todo el aparato científico de Zola viene a tierra, al considerar que no procede de las ciencias seguras, cuyos datos son fijos e invariables, sino de las que él mismo declara que empiezan aún a balbucir y son tan tenebrosas como rudimentarias: ontogenia, filogenia, embriogenia, psico-física. Y no es que Zola las interprete a su gusto, o falsee sus principios; es que esas ciencias son de suyo novelescas y vagas; es que, mientras más indeterminadas y conjeturales las encuentre el científico riguroso, más campo abrirán a la rica imaginación del novelista.

¿Qué le queda, pues, a Zola, si en tan deleznables cimientos basó el edificio orgulloso y babilónico de su *Comedia humana*? Quédale lo que no pueden dar todas las ciencias reunidas; quédale el verdadero patrimonio del artista; su grande e indiscutible ingenio, sus no comunes dotes de creador y escritor. Eso es lo que permanece, cuando todo pasa y se derrumba; eso es lo que los siglos venideros reconocerán en Zola (aparte de su inmensa influencia en las letras contemporáneas).

Si Zola fuese únicamente el autor pornográfico que hace arremolinarse a la multitud con curiosidad y dispersarse con rubor y tedio, o el sabio a la violeta que barniza sus narraciones con una capa de lustre científico, Zola no tendría más público que el vulgo, y ni la crítica literaria ni la reflexión filosófica hallarían en sus obras asunto donde ejercitarse. ¿Consagra alguien largos artículos al examen de las popularísimas y entretenidas novelas de Verne? ¿Dedícase nadie a censurar despacio las no menos populares de Pablo de Kock? Todo ello es cosa baladí, que no trasciende. Las de Zola son harina de otro costal, y su autor —a pesar de los pesares— grande, eximio, extraordinario artista.

Pasajes y trozos hay en sus libros que, según su género, pueden llamarse definitivos, y no creo temeraria aseveración la de que nadie irá más allá. Los estragos del alcohol en el *Assommoir*, con aquel terrible epílogo del delirium tremens, la pintura de los mercados en El Vientre de París; la delicada primera parte de Una Página de Amor; el graciosísimo idilio de los amores de Silverio y Miette en La fortuna de los Rougon; el carácter del clérigo ambicioso en La Conquista de Plasans; la riqueza descriptiva de La Falta del Cura Mouret, y otras mil bellezas que andan pródigamente sembradas por sus libros, son quizá insuperables. Con la manifestación de un poderoso entendimiento, de una mirada penetrante, firme, escrutadora, y a la vez con la copia de arabescos y filigranas primorosísimas, Zola suspende el ánimo. Tengamos el arrojo de decirlo, una vez que tantos lo piensan: en el autor del *Assommoir* hay hermosura.

En cuanto a sus defectos, mejor diré a sus excesos, ellos son tales y tanto los va acentuando y recargando, que se harán insufribles, si ya no se hicieron, a la mayoría. Pecado original es el de tomar por asunto no de una novela, pero de un ciclo entero de novelas, la odisea de la neurosis al través de la sangre de una familia. Si esto lo considerase como un caso excepcional, todavía lo llevaríamos en paciencia; pero si en los Rougon se representa y simboliza la sociedad contemporánea, protestamos y no nos avenimos a creernos una reata de enfermos y alienados, que es, en resumen, lo que resultan los Rougon. ¡A Dios gracias, hay de todo en el mundo, y aun en este siglo de tuberculosis y anemia, no falta quien tenga mente sana en cuerpo sano!

Dirá el curioso lector: ¿según eso, Zola no estudia sino casos patológicos? ¿No hay en la galería de sus personajes alguno que no padezca del alma o del cuerpo, o de ambas cosas a la vez? Sí los hay: pero tan nulos, tan inútiles, que su salud y su bondad se traducen en inercia, y casi se hacen más aborrecibles que la enfermedad y el vicio, A excepción de Silverio —que en rigor es un fanático político— y de la conmovedora y angelical Lalie del *Assommoir*, los héroes virtuosos de Zola son marionetas sin voluntad ni fuerza. Lo activo en Zola es el mal: el bien bosteza y se cae de puro tonto. ¡Cuidado con la singularísima mujer honrada de Pot-Bouille! ¡Pues y el sandio protagonista de El Vientre de París! Es cosa de preferir a los malvados, que al menos están descritos de mano maestra y no se duermen.

Cuando un escritor logra descubrir el filón de las ideas latentes y dominantes en su siglo; cuando se hace intérprete de aquello que más le caracteriza —sea malo o bueno—, por fuerza ha de abundar en el sentido de los errores de la edad misma que interpreta. Esta mutua acción del autor sobre el público y del público sobre el autor favorito, explica asaz los yerros que cometen talentos claros y profundos, pero que al cabo llevan impreso el sello de su época. No nacieron las novelas de Zola entre el polvo de los estantes henchidos de libros clásicos, ni como resplandecientes mariposas revolaron acariciadas por el Sol de la fantasía del autor: se engendraron en el corral donde Darwin cruzó individuos de una misma especie zoológica para modificarlos, en el laboratorio donde Claudio Bernard verificó sus experimentos y Pasteur estudió las ponzoñosas fermentaciones y el modo con que una sola y macroscópica bacteria inficiona y descompone un gran organismo: la idea de Nana. Antes que Zola dibujase el árbol genealógico de los Rougon-Macquart, Haecke, con rasgos muy semejantes, había trazado el que une a los lemúridos y monos antropomorfos con el hombre; antes que Zola negase el libre albedrío y proclamase el pesimismo, el vacío y la nada de la existencia, Schopenhauer y Hartmann ataron la voluntad humana al rollo de hierro de la fatalidad, declarando que el mundo es un sueño vacío, o más bien una pesadilla.

Que existe esta íntima relación entre las novelas de Zola y las teorías y opiniones científicas propias de nuestro siglo, no puede dudarse, por más que hartos críticos afirmen que Zola carece de cultura filosófica y técnica, siendo muchísimo lo que ignora y bien poco lo que sabe. En primer lugar, esta ignorancia de Zola es relativa, pues se refiere únicamente al pormenor y al detalle, no impidiendo a su inteligencia abarcar la síntesis y el conjunto de tales doctrinas, para lo cual no hay necesidad de quemarse las cejas, y sobra con leer algunos artículos de revista y hasta una docena de libros de la Biblioteca científica internacional. Cabalmente distingue al artista —y Zola lo es— la intuición rápida y segura que le permite reflejar y encarnar en sus obras, por sorprendente manera, lo que apenas entrevió.

Además, los miasmas de ciencia novelesca, que pudiéramos llamar leyendas de lo positivo, flotan en la atmósfera como los gérmenes estudiados por Pasteur, y se filtran insensiblemente en las creaciones del arte. Apuntemos en el capítulo de cargos contra Zola el fundarse, para sus trabajos realistas, en lo incierto y oscuro de la ciencia, y olvidando sus ideas filosóficas, estudiemos sus procedimientos artísticos y retórica especial.

XV. Zola. Su estilo

Si exceptuamos a Daudet, todos los naturalistas y realistas modernos imitan a Flaubert en la impersonalidad, reprimiéndose en manifestar sus sentimientos, no interviniendo en la narración y evitando interrumpirla con digresiones o raciocinios. Zola extremó el sistema perfeccionándolo. Fácilmente se advierte, al leer una novela cualquiera, cómo los pensamientos de los personajes, aun siendo verdaderos y sutilmente deducidos, salen bañados y cubiertos de un barniz peculiar al autor, pareciendo que es éste, y no el héroe, quien discurre. Pues Zola —y aquí empiezan sus innovaciones— presenta las ideas en la misma forma irregular y sucesión desordenada, pero lógica, en que afluyen al cerebro, sin arreglarlas en períodos oratorios ni encadenarlas en discretos razonamientos; y con este método hábil y dificilísimo a fuerza de ser sencillo, logra que nos forjemos la ilusión de ver pensar a sus héroes. Es indudable que la idea, despertada rápidamente al choque de la sensación, habla un lenguaje menos artificioso del que empleamos al formularla por medio de la palabra; y si alguna vez la lengua va más allá que el pensamiento, por lo general las percepciones del entendimiento e impulsos de la voluntad son violentos y concisos, y la lengua los viste, disfraza y atenúa al expresarlos. Los novelistas cuando levantaban la cubierta de las molleras (como Asmodeo los tejados) y querían mostrarnos su interior actividad, empleaban perífrasis y circunloquios que Zola ha sido tal vez el primero en suprimir, procediendo como los confesores, que si el penitente por vergüenza o deseo de cohonestar su conducta, busca rodeos y anda a caza de frases ambiguas y palabras oscuras, suelen rasgar los tules en que se envuelve el alma, y decir el vocablo propio, de que el pecador no osaba servirse.

Mas no por eso son justos los que afirman que la frase cruda, callejera y brutal, y el pensamiento cínicamente desnudo, tejen el estilo grosero de Zola. Créenlo así muchos que de sus obras solo conocen lo peor de lo peor, es decir, aquello que precisamente lisonjeó su depravada curiosidad. En el conjunto de sus obras, el creador de Albina, Helena y Miette sacrifica en aras de la poesía. Si inventó, como dicen sus censores, la retórica del alcantarillado, también, según él mismo declara, sentó el pie hartas veces en prados cubiertos de hierbas y flores. No creo que sea prosa la sinfonía descriptiva, el poema paradisíaco que ocupa una tercera parte de La Falta del Cura Mouret, y donde el mismo buril firme que grabó en metal el estilo canallesco de los mercados y barrios bajos de París, esculpió las formas espléndidas de la rica vegetación que en aquella soñada selva crece se multiplica y rompe sus broches embalsamando el aire. Y no solo en La Falta del Cura Mouret, sino en otros muchos libros, se entrega Zola al placer de forjar con elementos reales, calenturienta poesía. La fortuna de los Rougon, con su enamorada pareja de adolescentes; la Ralea, con su mágico jardín de invierno, sus interiores suntuosos poetizados por el arte y el lujo; Una Página de Amor, con sus cinco descripciones de la misma ciudad vista ya a los arreboles del ocaso, ya a la luz de la aurora —descripciones que son puro capricho de compositor, serie de escalas destinadas a mostrar la agilidad de los dedos y la riqueza del teclado—, y, por último, hasta Nana y el *Assommoir*, en ciertas páginas, dan testimonio de la inclinación de Zola a hacer belleza, digámoslo así, artificiosamente, dominando lo vulgar, innoble y horrible de los asuntos. Zola reconoce y declara esta propensión que va comunicándose a su escuela, y la considera grave defecto, heredado de los románticos. Su aspiración suprema, su ideal, sería alcanzar un arte más depurado, más grandioso, más clásico, donde en vez de escalas cromáticas y complicados arpegios, se ostentase la sencillez y naturalidad de la factura unida a la majestad del tema. Conviene Zola en que su estilo, lejos de poseer esa hermosa simplicidad y nitidez que aproxima en cierto modo la naturaleza al espíritu y el objeto al sujeto, y esa sobriedad que expresa cada idea con las palabras estrictamente necesarias y propias, está recargado de adjetivos, adornado de infinitos penachos y cintajos y colorines que le harán tal vez de inferior calidad en lo venidero. ¿Débense realmente tales defectos a la tradición romántica? ¿No será más bien que esas puras y esculturales líneas que Zola ambiciona y todos ambicionamos, excluyen la continua ondulación del estilo, el detalle minucioso, pero rico y palpitante de vida, que exige y apetece el público moderno?

En resolución, Zola, lejos de ser descuidado, bajo e incorrecto, peca de alambicado a veces; y los críticos ultrapirenaicos, que no lo ignoran y le quieren mal, a vueltas de las acusaciones de grosería, brutalidad e indecencia, le lanzan alguna muy certera, apellidándole autor quintaesenciado y relamido. El jefe del naturalismo carece de naturalidad y sencillez; no lo niega, y lo achaca a la

leche romántica que mamó. Artista lleno de matices, de primores y de refina-
mientos, diríase, no obstante, que su prosa carece de alas, que está ligada por
ligaduras invisibles, faltándole aquel grato abandono, aquella facilidad, armonía y número que posee, por ejemplo, Jorge Sand. Su estilo, igual y llano, es
en realidad trabajadísimo, sabiamente dispuesto, premeditado hasta lo sumo,
y ciertas frases que parecen escritas a la buena de Dios y sin más propósito
que el de llamar a las cosas por su nombre, son producto de cálculos estéticos
que no siempre logra disimular la habilidad del autor.

Hasta el valor eufónico de las palabras, y, sobre todo, su vigor como toques de
luz o manchones de sombra, está combinado en Zola para producir efecto, lo
mismo que el modo de usar los tiempos de los verbos. Si dice «iba» en vez de
«fue», no es por casualidad o descuido, es porque quiere que nos represen-
temos la acción más aprisa; que el personaje eche a andar a vista del lector.
Cuando usa ciertos diminutivos, ciertas frases de lástima o de enojo, oímos
el pensamiento del personaje formulado por boca del autor, sin necesidad de
aquellos sempiternos monólogos con que ocupan otros novelistas páginas y
más páginas.

Las descripciones largas fueron y son imputadas a la escuela naturalista; mas
¡cuántos prezolistas hubo en lo tocante a describir! Solo que en las antiguas
novelas inglesas lo pesado e interminable era la pintura de los sentimientos,
afectos y aspiraciones de héroes y heroínas y sus grandes batallas consigo
mismos y sus querellas amorosas, y en Walter Scott, todo, paisajes, figuras,
trajes y diálogos. ¿Quién más prolijo en extender fondos que Rousseau?
Consiste la diferencia entre los idealistas y Zola en que éste prefiere a los poéticos castillos, lagos, valles y montañas, las ciudades, sus calles, sus mercados,
sus palacios, sus teatros y sus congresos, e insiste lo mismo en pormenores
característicos y elocuentes que en detalles de poca monta. ¿Ha visto el lector alguna vez retratos al óleo hechos con ayuda de un vidrio de aumento?
¿Observó cómo en ellos se distinguen las arrugas, las verrugas, las pecas y los
más imperceptibles hoyos de la piel? Algo se asemeja la impresión producida
por estos retratos a la que causan ciertas descripciones de Zola. Gusta más
mirar un lienzo pintado a simple vista, con libertad y franqueza.

No por eso es lícito decir que las descripciones de Zola se reducen a meros
inventarios. Debieran los que lo aseguran probar a hacer inventarios así; ya

verían cómo no es tan fácil hinchar un perro. Las descripciones de Zola, poéticas, sombrías o humorísticas (nótese que no digo festivas), constituyen no escasa parte de su original mérito y el escollo más grave para sus infelices imitadores. Esos sí que nos darán listas de objetos, si como es probable les niega el hado el privilegio de interpretar el lenguaje del aspecto de las cosas, y el don de la oportunidad y mesura artística.

Lo mismo digo de cuantos piensan que el método realista se reduce a copiar lo primero que se ve, sea feo o bonito, y mejor si es feo, y que copiando así a bulto saldrá una novela de las que se estilan. Leí no sé dónde que un mozalbete decía a un escultor, señalando a la Venus que éste terminaba: «Enséñeme usted a hacer otra como esa que debe ser fácil»; y respondíale el escultor: «Facilísimo: se reduce a coger un trozo de mármol e irle quitando todos los pedazos que le sobran. La ironía del artista es aplicable al caso de la novela. Zola ha formulado su estética y su método con harta claridad y prolijidad nada menos que en siete volúmenes, y lo ha aplicado en quince o veinte; no contento con esto él y sus discípulos a porfía dan al público detalles y revelan secretos del oficio, explicando cómo se trabaja, cómo se recogen notas, cómo se clasifican y emplean, cómo se parte de los antecedentes de familia para restablecer el carácter y condición de un personaje (los novelistas antiguos, al contrario, gustaban de envolver en el misterio y hacer mítico el nacimiento de sus obras); y sin embargo, a pesar de tantas recetas, falta quien las aplique. Por ahora, a pesar de la creciente fama y provecho que a Zola y Daudet reportan sus libros, lo que pulula son novelistas idealistas de la escuela de Cherbuliez y Feuillet, de los que imaginan en lugar de observar y sueñan despiertos. En efecto: si la vida, la realidad y las costumbres están presentes a todo el mundo, pocos las saben ver y menos explicar. El espectáculo es uno mismo, los ojos y entendimientos diferentes.

Aquí se ofrece otra cuestión: cierto que Zola pretende observar la verdad, y asegura que con ella están tejidos sus libros; pero, ¿se engañará? ¿Será también la imaginación elemento de sus obras?

Cuando escribió el *Assommoir*, no faltó quien dijese que desfiguraba y exageraba el pueblo: más fuerte aún gritaron los críticos contra la exactitud de Nana y Pot-Bouille. Si Nana se compone de embustes para toda persona decente el mentir de Nana es el mentir de las estrellas; mas por lo que toca a

Pot-Bouille, la exageración me parece indudable; y mejor que exageración le llamaría yo simbolismo, o si se quiere, verdad representativa. Aunque suene a paradoja el símbolo es una de las formas usuales de la retórica zolista: la estética de Zola es en ocasiones simbólica como... ¿lo diré? como la de Platón. Alegorías declaradas (La Falta del Cura Mouret), o veladas (Nana, La Ralea, Pot-Bouille), sus libros representan siempre más de lo que son en realidad. En La falta el autor no oculta la intención simbólica, y hasta el nombre Paradou (Paraíso), y el gigantesco árbol a cuya sombra se comete el pecado, recuerdan el Génesis. Nana, la meretriz impura, la mosca de oro que se incubó en las fermentaciones del estercolero parisiense y cuya picadura todo lo inficiona, desorganiza y mata, ¿qué es sino otro símbolo? Sobre la rubia cabeza de Nana el autor acumuló toda la inmundicia social derramó la copa henchida de abominaciones, e hizo de la pervertida griseta un enorme símbolo, una colosal encarnación del vicio; y por el mismo procedimiento, en la casa mesocrática de Pot-Bouille reunió cuantas hipocresías, maldades, llagas y podredumbres caben en la mesocracia francesa.

Difícilmente puede un extranjero –aunque haya visitado a París, como casi todo el mundo lo ha visitado– discernir si las costumbres de Francia son tan pésimas: se susurran de allá males que por acá, a Dios gracias, aún no nos afligen, y el censo de población arroja cifras e indica descensos que deben de sugerir profundas reflexiones a los estadistas de la nación vecina; mas con todo eso, yo me figuro que el método de acumulación que emplea Zola sirve para hinchar la realidad, es decir, lo negro y triste de la realidad, y que el novelista procede como los predicadores, cuando en un sermón abultan los pecados con el fin de mover a penitencia al auditorio. En suma, tengo a Zola por pesimista, y creo que ve la humanidad aún más fea, cínica y vil de lo que es. Sobre todo más cínica, porque aquel Pot-Bouille, mejor que estudio de las costumbres mesocráticas, parece pintura de un lupanar, un presidio suelto y un manicomio, todo en una pieza.

Quisiera no errar juzgando a Zola, y no atacarlo ni defenderlo más de lo justo. Sé que está de moda hacer asquillos al oír su nombre, pero ¿qué significan en literatura los asquillos? Una cosa es el genio y el ingenio; otra las licencias, los extravíos, los yerros de una escuela. En su misma patria aborrecen a Zola: detestábale el difunto Gambetta, porque Zola le discutió como escritor y orador, y la Academia, la Escuela Normal, todos los novelistas idealistas, todos los autores dramáticos, la *Revista de Ambos Mundos*, madama Edmond Adam, a porfía, reniegan de Zola, le excomulgan y hacen que no le ven. Quizá nosotros, situados a mayor distancia, apreciaremos mejor la magnitud del caudillo naturalista y preferiremos entender a escandalizarnos.

XVI. De la moral

Zola nos conduce a tratar el bien manoseado y mal esclarecido punto de la moralidad en el arte literario, y especialmente en la escuela realista. Y ante todo, persignémonos para que Dios nos libre de filosofías. Ya sé yo que en la Esencia Divina se dan reunidos los atributos de verdad, bondad y belleza: mas también sé con certidumbre experimental que en las obras humanas aparecen separados y siempre en grado relativo. Un final de ópera donde el tenor muere cantando, puede ser hermosísimo, y no cabe cosa más apartada de la verdad: un licencioso grupo pagano será bello sin ser bueno. Y esto me parece evidente per se, y ocioso el apoyarlo en razonamientos, porque hay en la percepción de la belleza algo de inefable que se resiste a la lógica y no se demuestra ni explica.

Viniendo ya a las relaciones de la moral y de las novísimas escuelas literarias, empezaré por observar que es error frecuente en los censores del realismo confundir dos cosas tan distintas como lo inmoral y lo grosero. Inmoral es únicamente lo que incita al vicio; grosero, todo lo que pugna con ciertas ideas de delicadeza, basadas en las costumbres y hábitos sociales; bien se entiende, pues, que el segundo pecado es venial, y mortal de necesidad el primero. Ya en distintos lugares de estos estudios lo indiqué: la inmoralidad que entraña el naturalismo procede de su carácter fatalista, o sea del fondo de determinismo que contiene; pero todo escritor realista es dueño de apartarse de tan torcido camino, jamás pisado por nuestros mejores clásicos, que, no obstante, realistas y muy realistas eran.

Pocos críticos de aquellos que más claman en contra del naturalismo echan de ver las malas hierbas deterministas que crecen en el jardín de Zola; y el cargo más grave que a éste dirigen —no sin velarse antes la faz— es que sus libros no pueden andar en manos de señoritas. ¡Válanos Dios! Lo primero habría que empezar por dilucidar si conviene más a las señoritas vivir en paradisíaca inocencia, o conocer la vida y sus escollos y sirtes, para evitarlos; problema que, como casi todos, se resuelve en cada caso con arreglo a las circunstancias, porque existen tantos caracteres diversos como señoritas, y lo que a ésta le convenga será funestísimo quizá para aquélla, y vaya usted a establecer reglas absolutas. Es análoga esta cuestión a la del alimento; cada edad y cada estómago lo necesita diferente; proscribir un libro porque no todas las señoritas deban apacentar en él su inteligencia, es como si tirásemos por la ventana un trozo de carne bajo pretexto de que no la comen los niños de teta. Désele norabuena al infante su papilla, que el adulto apetecerá el manjar fuerte y nutritivo. ¡Cuán hartos estamos de leer elogios de ciertos libros, alabados tan solo porque nada contienen que a una señorita ruborice! Y, sin embargo, literariamente hablando, no es mérito ni demérito de una obra el no ruborizar a las señoritas.

Los extranjeros piensan con más acierto, pues comprendiendo que el género de lecturas varía según las edades y estados, y que desde la edad en que el niño deletrea hasta la plenitud de la razón, media un periodo durante el cual algo ha de leer, escriben obras a propósito para la infancia y juventud, obras en que se emplean a menudo plumas diestras y famosas, hábiles en adaptarse al grado de desarrollo que suelen alcanzar las facultades del público especial a quien se consagran. Por nuestra tierra no dejan de escribirse libros anodinos y mucilaginosos: solo que sus autores pretenden cautivar a todas las edades, cuando en realidad no se salvan de aburrir a ninguna.

Otro grave inconveniente encuentro en los libros híbridos que aspiran a corregir deleitando. Como cada autor entiende la moral a su manera, así la explica, y dejo al juicio del lector discreto resolver qué será más malo; si prescindir de la moral o falsificarla. Para mí, no hay más moral que la moral católica, y solo sus preceptos me parecen puros, íntegros, sanos e inmejorables; dicho se está que si un autor bebe sus moralejas en Hegel, Krause o Spencer, las tendré por perniciosas. Rousseau, Jorge Sand, Alejandro Dumas hijo, y otros cien novelistas que se erigieron en moralizadores del género humano, escribiendo novelas docentes y tendenciosas, parécenme de más funesta lectura que Zola, puesto caso que el lector los tomase por lo serio.

Es opinión general que la moralidad de una obra consiste en presentar la virtud premiada y castigado el vicio: doctrina insostenible ante la realidad y ante la fe. Si no hubiese más vida que ésta; si en otro mundo de verdad y justicia no remunerasen a cada uno según sus merecimientos, la moral exigiría que en este valle de lágrimas todo anduviese ajustado y en orden; pero siendo el vivir presente principio del futuro, querer que un novelista lo arregle y enmiende la plana a la Providencia, téngolo por risible empeño.

De todas suertes, sea inmoralidad o grosería lo que en el realismo se descubre, los chillidos de la prensa y del público y el magno tolle tolle que nos aturde los oídos, parece que delatan la aparición de un mal nuevo y desconocido, como si hasta la fecha las letras hubiesen sido espejo de honestidad y recato. Y no obstante, hace años que Valera, contendiendo con Nocedal, dijo discretamente que no habiendo ocurrido nunca los tiempos felices en que la literatura se mostró decorosa e irreprochable, nadie podía desear la vuelta de tales tiempos. De esta gran verdad, que Valera demuestra con su acostumbrada elegante erudición, no ha menester pruebas quien conozca unas miajas nuestros clásicos y teatro antiguo. Solo que los adversarios del naturalismo emplean una táctica de mala fe; tan pronto le echan en cara no ser nuevo, como le oponen, despreciándolo, el ejemplo de la literatura anterior.

¿Hallaremos acaso, en tiempos más recientes que el siglo de oro, modelos de esa literatura pulcra y austera? Yo he sido educada en la privación y el santo horror de las novelas románticas; y aunque leía en mi niñez —hasta aprenderme trozos de memoria— la *Ilíada* y el *Quijote*, jamás logré apoderarme de un ejemplar de Espronceda o de *Nuestra señora de París*, obras que su fama satánica apartaba de mis manos. Si los clásicos delinquieron y los románticos también, ¿por qué echar sobre naturalistas y realistas todo el peso de la culpa? Es cosa peregrina ver cómo cada escuela pasa una indulgente esponja sobre sus propias inmundicias, y señala con el dedo a las ajenas. Hoy los neo-clásicos absuelven a los escritores paganos, alegando que no conocieron a Cristo —aunque muchos escribiesen después de haber sido anunciado el Evangelio, y como si la naturaleza misma, a falta de religión, no proscribiese asaz ciertas abominaciones en cuyo relato se complacen los poetas latinos—. A su vez los idealistas perdonan los extravíos románticos, porque, aunque un héroe romántico haga, como *Werther*, la apología del suicidio, o dude hasta del aire que respira, como *Lelia*, tiene la disculpa de ir en pos del ideal, y no importa zumpuzar el cuerpo en el lodo con tal que la mirada se dirija a las estrellas. Y, por último, para cohonestar aquellas cosazas que abundan en Tirso y Quevedo, se echa mano del candor y sencillez de la época en que vivían. El que no se consuela es porque no quiere. Diránme los defensores de esas escuelas que no a causa sino a pesar de sus lunares, celebran a Horacio y a Espronceda y a todos los santos de su devoción: lo mismito nos sucede a los demás. Cuando

116

Zola atenta contra el gusto, de mí sé decir que no me da ninguno. Le preferiría más reportado, y cierto que no elogio en él deslices, sino bellezas.

Ahora, si alguien me pregunta dónde empiezan esos deslices, y hasta dónde llega la libertad que puede otorgarse al escritor, yo no lo sabré decidir. Son límites eminentemente variables, y solo el tacto, el pulso firme que posee un gran talento, le sirve de guía para no descarriarse, para levantarse si llega a caer. Es innegable que el Quijote encierra pasajes bien poco áticos, que con justicia se pueden calificar de groseros, pero al fin son partes de aquel divino todo, el genio de Cervantes los ha marcado con su estampilla, y, para declararlo de una vez, están muy bien donde están, y yo no los borraría si de mí dependiese suprimirlos. Me inclino a comparar los bellos frutos del ingenio humano con la esmeralda, piedra hermosa pero que apenas se halla una que no tenga un poco de veta o mancha, llamada jardín. Los grandes autores tienen vetas, y no por eso dejan de ser piedras preciosas.

Nana es acaso la obra por la cual se juzga con más severidad a Zola. ¿Será debido al asunto? Siento que más bien a la falta de tino, al cinismo brutal con que está tratado. De hecho en la sociedad hay formas, límites, vallas que quizá no puede salvar una obra que aspira a atravesar victoriosa las edades; y digo quizá, porque si Rabelais y otros escritores rompieron esos diques y alcanzaron nombre imperecedero, todavía su licencia constituye un elemento de inferioridad y como una nota desafinada en la sinfonía de su talento. Vallas y límites son que el genio remueve, pero que vuelven a alzarse de suyo. Si bien es verdad que se mudan, jamás desaparecen; y con tanta fuerza se imponen, que no sé de escritor alguno que totalmente las haya atropellado. Por atrevida que sea una pluma, por mucho que intente copiar la nuda realidad, hay siempre un punto en el cual se para, hay cosas que no escribe, hay velos que no acierta a levantar. El toque está en saber detenerse a tiempo en las lindes del terreno vedado por la decencia artística.

Pero aquí conviene advertir que la mayoría de los críticos parece imaginar que solo existe un género de inmoralidad, la erótica; como si la ley de Dios se redujese a un mandamiento. Que el autor se abstenga de pintar la pasión amorosa, y ya tiene carta blanca para retratar todas las restantes. Y, sin embargo, hay novelas como *El judío errante* o *Los misterios de París*, que por su carácter antisocial y antirreligioso no son menos inmorales que Nana por otro concepto. En cuestiones religiosas y sociales, los naturalistas proceden como sus hermanos los positivistas respecto de los problemas metafísicos; las dejan a un lado, aguardando a que las resuelva la ciencia, si es posible. Abstención mil veces menos peligrosa que la propaganda socialista y herética de los novelistas que les precedieron.

En cuanto a la pasión, sobre todo la amorosa, fuera de los caminos del deber, lejos de glorificarla, diríase que se han empeñado los realistas en desengañar de ella a la humanidad, en patentizar sus riesgos y fealdades, en disminuir sus atractivos. De *Madame Bovary* a Pot-Bouille, la escuela no hace sino repetir con fatídico acento que solo en el deber se encuentra la tranquilidad y la ventura. El portugués Eça de Queiroz, en su novela O primo Bazilio —donde imita a Zola hasta beberle el alma— traza un cuadro horrible bajo su aparente vulgaridad, el del suplicio de la esposa esclava de su culpa. Claro está que la enseñanza moral de los realistas no se formula en sermones ni en axiomas: hay que leerla en los hechos. Así sucede en la vida, donde las malas acciones son castigadas por sus propias consecuencias.

En resolución, los naturalistas no son revolucionarios utópicos, ni impíos por sistema, ni hacen la apoteosis del vicio, ni caldean las cabezas y corrompen los corazones y enervan las voluntades pintando un mundo imaginario y disgustando del verdadero. Son imputables en particular al naturalismo —no huelga repetirlo— las tendencias deterministas, con defectos de gusto y cierta falta de selección artística, grave delito el primero, leve el segundo, por haber incurrido en él los más ilustres de nuestros dramaturgos y novelistas. Lo que importa no son las verrugas de la superficie, sino el fondo.

XVII. En Inglaterra

Hay gentes que, preciándose de gusto delicado, y repugnando la crudeza de los naturalistas franceses, ponderan la novela inglesa y encomian cierta manera de naturalismo mitigado que le es peculiar. Ya corre con fueros de opinión aristocrática y elegante la de la supremacía de la novela inglesa, así en el terreno moral como en el literario.

Por lo que hace a la moralidad, el lector no ignora cuán infundados y erróneos son a veces los juicios generales: podrá, pues, explicarse fácilmente cómo en nuestra tierra católica y latina está en olor de santidad una literatura hija legítima del protestantismo y adecuada a las costumbres meticulosas, mojigatas, reservadas y egoístas que en la antigua Isla de los Santos aclimató el triste puritanismo unido al instinto mercantil de raza. Y no es que Inglaterra no tenga sanas tradiciones realistas e ilustre abolengo literario. Chaucer, padre de su poesía, era ya un realista, y sus Cuentos de Cantorbery, cuadros tomados del natural; el astro mayor del firmamento británico, el egregio Shakespeare, llevó el realismo hasta donde no osará seguirle acaso ni Zola. Mas si florecieron tempranamente en la Gran Bretaña la poesía y el teatro, la novela nació tarde, cuando ya el país pertenecía irrevocablemente a la Reforma.

¡La Reforma! Donde quiera que prevaleció su espíritu, fue elemento de inferioridad literaria; y bien sabe Dios que no lo digo por encomiar el Catolicismo, cuya excelencia no pende de estas cuestiones estéticas, sino por dar a entender que la novela inglesa se resiente de su origen. De cuantos géneros se cultivaron en Inglaterra desde Enrique VIII acá, la novela es donde más se infiltró el protestantismo: por eso los ingleses no produjeron un Quijote, es decir, una epopeya de la vida real que pueda ser comprendida por la humanidad entera. Desde su misma cuna dominan en la novela inglesa tendencias utilitarias que la atan, digámoslo así, al suelo, y la impiden volar por los espacios sublimes que cruzó la libre y rauda fantasía de Shakespeare y Cervantes. Con tanto como ponderan a Foe dándole el pomposo dictado de Homero del individualismo, Robinsón no pasa de ser una obra incomparable... para los niños de dos a tres lustros. Swift, el misántropo coetáneo del autor de Robinsón, es de más honda lectura, pero no le va en zaga respecto a intenciones docentes, que al fin y al cabo la sátira representa una dirección radical del docentismo.

El Vicario de Wakefield, de Goldsmith, a trechos suave idilio, grata pintura doméstica, encierra un ideal propiamente inglés, patriarcalista: y mientras el ejemplo de las hijas del Vicario enseña a huir de la vanidad, Clarisa y *Pamela* condenan irrevocablemente la pasión, y abren la serie de las novelas austeras, donde el corazón rebelde es siempre vencido. En cuanto a Walter Scott, no ha tenido descendencia legítima. Walter Scott es un fenómeno aislado en la literatura inglesa, o, para hablar con más exactitud, un hijo de otra nacionalidad diferente, la escocesa, que tiene de soñadora, idealista y poética lo que la inglesa de práctica y utilitaria. No procede Walter Scott de Shakespeare, no por cierto; mas tampoco discurre por sus venas la pacífica y prosaica sangre de Foe. Es el bardo que vive en un pasado teñido de luz y color, semejante a ocaso espléndido; que reanima la historia y la leyenda, demandando tan solo a la realidad aquel barniz brillante nombrado por los románticos color local; en suma, es el último cantor de las hermosas edades caballerescas, the last minstrel.

Cuando Walter Scott evocaba desde la residencia señorial de Abbotsford las tradiciones de su romancesca patria, empezaba ya a congregarse en el campo de la novela inglesa la hueste de novelistas-hembras que tanto influyó e influye en el carácter de aquel género literario, prestándole especial sabor pedagógico y ético: comenzaban las mujeres a conquistar el territorio que hoy señorean, y se leían con afán los Cuentos Morales de miss Edgeworth, y sonaban los nombres de miss Mary Russell Milford, miss Austen, mistress Opie, lady Morgan, mistress Shelly. El elemento femenino, una vez dueño de la novela, ya no soltó la presa. Hoy se cuentan por docenas las authoress que hacen gemir anualmente las prensas de Londres con frutos de su ingenio, y desde que faltaron Dickens, Thackeray y Lytton Bulwer, el primer novelista inglés fue una mujer, Jorge Elliot.

A consecuencia de este predominio de la mujer, la novela inglesa propende a enseñar y predicar, más bien que a realizar la belleza. Apenas la hija del clergyman ase la péñola, se encuentra a la altura de su padre, y, ¡oh inefable placer!, ya puede ir y doctrinar a las gentes; no solo posee una cátedra y un púlpito, sino que dispone de medios materiales para la propaganda de la fe. Escribe Carlota Yonge el Heredero de Redcliffe véndese bien la edición, y con el producto compra la autora un navío y se lo regala a un obispo misionero.

Así es que en las modernas novelistas inglesas llegó a extinguirse casi del todo aquel noble orgullo literario que aspira a la gloria ganada por medio de la concentración del talento y del esfuerzo constante hacia la perfección suma —amor propio de artista, que tan varonilmente manifestó Jorge Sand—; y lejos de aspirar a producir obras hermosas y duraderas, se lanzan al espumoso torrente de la producción rápida, porfiando no a quién lo hará mejor, sino a quién lo despachará más pronto. La extensión obligada de las novelas inglesas son tres gruesos tomos; y las novelists que están de moda, como Frances Trollope no se conforman con menos de una novela por trimestre, o sean doce tomos al año. ¡Qué estilo, qué invención, qué caracteres habrá que no inunde y devaste tan caudaloso río de tinta!

Y es que para la nación inglesa la novela ha llegado a ser artículo de primera necesidad y consumo ordinario, como el beefsteack que repara sus fuerzas, como el carbón cuyo calórico templa sus días glaciales y alegra sus largas noches. Hay para la novela concurrencia diaria y segura, lo mismo que aquí para los cafés. Y la novela se hace eco de las aspiraciones del lector, y cumple su oficio político, religioso y moral; se inspira en las exigencias del público, y ya es filosófica como las de Carlos Reade; ya republicana, igualitaria y socialista como en Joshua Davidson; ya teológica como en Carlota Yonge; ya política como en Disraeli; ya fantasmagórica del género de Ana Radcliffe, que todavía entretiene y gusta; ya histórica, al estilo de Walter Scott, que aún cuenta discípulos. Los geógrafos y autores de paisajes y marinas, que siguen las huellas de Fenimore Cooper —el capitán Mayne Reyd el capitán Marryat y otros capitanes— gozan asimismo del favor de aquel pueblo viajero, colonizador y turista; y los norteamericanos Bret Hart y Mark Twain cortan las nieblas de la atmósfera inglesa con unas chispas de humorismo, esa penosa y dolorida jovialidad del Norte. Lisonjeadas así sus inclinaciones, atendido en sus gustos menos literarios que prácticos, el pueblo inglés a su vez consagra a los novelistas un cariño personal de que aquí no conocemos ejemplo: díganlo los innumerables peregrinos que todos los años acuden en romería al presbiterio de Haworth, donde nació y pasó los primeros años de su vida la novelista simpática que ilustró el pseudónimo de Currer Bell. No es el lauro literario, es un afecto más íntimo el que rodea de una aureola el nombre de los novelistas favoritos y caros a la nación británica; porque la novela no se considera allí pasatiempo ni mero deleite estético, sino una institución, el quinto poder del Estado, y porque, según dijo en público el novelista Trollope las novelas son los sermones de la época actual. Su influencia se extiende no solo a las costumbres, sino a las leyes, influyendo en las deliberaciones de las Cámaras, en las continuas reformas que experimenta el Código de una nación tan eminentemente conservadora. ¡Qué diversidad de tierra!, diremos con el protagonista de Verry well. No sino váyanle a proponer a este revuelto y declamatorio Congreso español una modificación legal sugerida, v. gr., por la lectura de la *Desheredada* o de *Don Gonzalo González de la Gonzalera...* ¡y ya verán con qué homérica risa acogen la propuesta nuestros graves padres de la patria!

En Inglaterra, reconocido ya el dinamismo social de la novela, todas las clases se jactan de poseer novelistas, y los hay ministros, marinos, diplomáticos y magistrados. Magistrados, sí; ¡y qué se diría acá en las Audiencias, Dios de Israel, si un presidente de sala publicase una novelita! Para dar a entender el influjo y acción de la novela en la raza sajona, baste citar una, *La choza de Tom*, cuyos efectos anti-esclavistas no ignora nadie.

Pero ¿y el naturalismo inglés? Vamos al caso del naturalismo. Repito que las tradiciones de la literatura inglesa son realistas, y añado que realistas fueron Dickens y Thackeray, quizá los nombres más ilustres que honran a la novela británica. Carlos Dickens no temió, en la entonada nación inglesa, descender al estudio de las últimas capas sociales, ladrones, asesinos y mendigos; Thackeray, con más inclinación a la sátira, también estudió en el mundo que le rodeaba sus tipos característicos, de caricaturesco perfil. Y por lo que hace a Jorge Elliot, en cuyas obras resuena hoy la nota más aguda del naturalismo inglés, su programa es realista a la manera de Champfleury, proponiéndose por objeto de sus observaciones, no a las brillantes y excepcionales criaturas tan predilectas de los románticos, sino a la generalidad de los individuos, a los personajes comunes y corrientes, a la clase media, digámoslo así, de la humanidad. Pues con todo eso, hay en los novelistas ingleses, por muy realistas que sean, propósito moral y docente, empeño de corregir y convertir, afán de salvar al lector —según dice con gracia un reciente historiador de la literatura británica—, no del aburrimiento, sino del infierno, y esto se transparenta lo mismo en la pietista Yonge, que en la librepensadora y filósofa autora de Adán Bede y les roba aquella serena objetividad necesaria para hacer una obra maestra de observación impersonal, según el método realista, y detiene su escalpelo antes de que llegue a lo íntimo de los tejidos y a los últimos pliegues del alma. Parte de esta culpa debe imputarse al público, factor importantísimo de toda obra literaria. Según queda dicho, el público inglés pide incesantemente novelas, y no de las que saborea a solas en su gabinete el lector sibarita que gusta de admirar primores, contar filigranas y penetrar en abismos psicológicos, sino de las que se leen en familia y pueden escuchar todos los individuos de ella, inclusa la rubia girl y el imberbe scholar. A los autores que satisfacen esta necesidad, el público inglés les paga espléndidamente: la primera edición de una novela se vende a razón de unos tres duros el volumen, y la edición se agota pronto; de suerte que la multitud de honradas misses hijas de clergymen, en vez de ponerse a institutrices, se ponen a novelistas, y de su prolífica pluma brotan tomos de incoloro estilo, de incidentes enredados como los cabos de una madeja. De aquí la creciente inferioridad, el descenso del género.

Perdóneme la dilatada y fecunda familia de noveladores de allende el Estrecho si cometo injusticia al hablar de su general decadencia. Podre preciarme de conocer algunas obras suyas; pero ¿quién se alabará de haberlas leído todas? Mi juicio es el que emiten los críticos que consideran principalmente el aspecto literario, y en segundo lugar, como es justo, el moral, y ven que la fabricación precipitada y la sujeción al gusto del público redunda en perjuicio de las cualidades de frescura, inspiración y energía de pensamiento. Si sobre ese océano de cabezas vulgares descuella la noble frente de Jorge Elliot, o se destaca la graciosa fisonomía de Ouida lo cierto es que la mayoría de los novelistas ingleses se ha empeñado —expresémoslo con una metáfora— en llenar tres jícaras con una onza de chocolate.

Por añadidura trae la novela inglesa —aun cuando es superior— tan fuertemente impresa la marca de otra religión, de otro clima, de otra sociedad, que a nosotros, los latinos, forzosamente nos parece exótica. ¿Cómo nos ha de gustar, v. gr., la predicadora metodista, heroína de Adán Bede? Ya sé que es de moda vestir con sastre inglés: mas la literatura, a Dios gracias, no depende enteramente de los caprichos de la moda. La malicia me sugiere una duda. Si la novela inglesa tiene hoy entre nosotros muchos admiradores oficiales, ¿tendrá otros tantos lectores?

XVIII. En España

Allá por Inglaterra y Francia la novela tiene un ayer; acá en España, solo un anteayer, si es lícito expresarse así. Allá los noveladores actuales se llaman hijos de Thackeray, Scott y Dickens, Sand, Hugo y Balzac, mientras acá apenas sabemos de nuestros padres, recordando solo a ciertos abuelos de sangre muy hidalga, del linaje de los Cervantes, Hurtados, Espineles y otros apellidos no menos claros. Es tanto como decir que no hubo en España más novela que la del siglo de oro y la hoy floreciente.

Sin embargo, la vida de la novela contemporánea española puede ya dividirse en dos épocas distintas: la del reinado de Isabel II, y la que empezó con la Revolución de septiembre. Suscitó la guerra de la Independencia grandes poetas líricos, pero hasta que el torrente romántico salvó el Pirene, no tuvimos novelistas. Walter Scott hizo su entrada triunfal en nuestras letras, y comenzó el reinado de la novela histórica. Muy curioso libro se podía escribir, por el estilo del Horacio en España, reseñando las peregrinaciones de la idea walterescotiana al través de los cerebros ibéricos. El espíritu del bardo escocés encarnó en seres tan diversos entre sí como Espronceda Martínez de la Rosa Gil, Escosura, Cánovas del Castillo, Vicetto, Villoslada, Fernández y González y otros cuyos nombres ahora no quieren venírseme a la memoria. También se nos coló en casa Jorge Sand, traída de la mano por su insigne compañera la Avellaneda, y no se quedó atrás Eugenio Sue, apadrinado por Pérez Escrich y Ayguáls de Izco. Entre los walterescotianos, gente toda de provecho, se contaba uno que, a no haber derrochado sus singulares facultades y empleado mal sus preciosas dotes, pudo llamarse, mejor que seide, rival del autor de Ivanhoe. El ingenio de Fernández y González semejaba árbol frondosísimo cuya madera servía para obras de talla y escultura; por desgracia la malgastó su dueño en mesas y bancos de lo más común. ¡Riquísima fantasía y variada paleta descriptiva y numerosa invención la de Fernández y González! Al principio fue el poeta del pasado, que remozaba los libros de caballerías y prestaba a la tradición heroico-nacional esa vida nueva que de vez en cuando le otorgan privilegiados genios como Zorrilla, Walter Scott y Tennyson. Cómo concluyó, nadie lo ignora: por entregas interminables, por tomos vendidos a ínfimo precio, por obras de baja ley, escritas pro pane lucrando. Dos o tres

125

novelas de las primeras que dio a luz son las columnas en que se apoya su nombre para no caer en el olvido. Acaso poseyó la simpática y tierna autora de La Gaviota el talento más original e independiente de cuantos se señalaron en el renacimiento de nuestra novela. A pesar de todas sus digresiones y reflexiones y su idílico optimismo, adornan a Fernán Caballero un encanto especial, una gracia característica suya, y ostenta una imaginación alemana en los ensueños y española en el despejo y viveza. Mientras los novelistas de su época metían en tinta lienzos de asunto histórico, a lo Walter Scott, Fernán tomaba apuntes de las costumbres que veía, de la gente que alentaba a su alrededor, pintando asistentas, bandidos, gaviotas, curas, pastores, labriegos y toreros, y algunas veces en sus bosquejos andaluces brillaba el Sol del Mediodía, el que Fortuny condensó en sus cuadros. Hay patio de Fernán que no parece sino que lo estamos viendo y que nos alegra los ojos con sus flores, y el oído con el rumor del agua, el cacareo de las gallinas y la inocente charla de los niños. Más real, más sincera y sencilla inspiración es la de Fernán que la de casi todas las novelas de pendón y caldera, capa y espada, o cimitarra y turbante, que se estilaban entonces.

Trueba no alcanza la talla de Fernán Caballero. Un país idólatra de sus propias tradiciones y recuerdos labró el pedestal en que se encumbra el pintor vascuence, cuya paleta no atesora sino medias tintas y colores claros, graciosos, pero sin vigor ni intensidad. El verde, el rosa y el azul celeste dominan, faltando casi del todo los negros, las tierras, los betunes, de que Fernán mismo hizo uso con medida. Algunas escenas rurales de Trueba agradan, como agrada contemplar el curso de un riachuelo poco profundo y de márgenes amenas.

Selgas no describió campesinos, ni pertenece a la escuela de los paisajistas: era un Alfonso Karr, un violinista caprichoso que ejecutaba primorosas variaciones sobre un tema cualquiera, bordándolo de arabescos delicados y airosos. Más bien que novelista, fue un humorista cáustico, ingenioso y risueño, como suelen ser los humoristas en los países donde el Sol pica fuerte. Su estilo desigual se parecía a esos rostros de facciones irregulares que compensan la falta de corrección con la repentina luz de la sonrisa, o con el fuego de la mirada. Selgas brinda al lector mucha grata sorpresa, regalándole, cuando no se percata rasgos de observación, paradojales agudezas, frases felices, chispazos de ideas originales o al menos presentadas de un modo picante y nuevo.

Otro atractivo de Selgas es haber comenzado a estudiar la vida moderna en las grandes ciudades, dejándose de guerreros, moros, odaliscas y castellanas. Ahora bien: si queremos buscar el eslabón que enlaza con la actual esa época anterior de la novela española, donde figuran Fernán, la Avellaneda, la Coronado, Trueba, Selgas, Fernández y González y Miguel de los Santos Álvarez; esa época en que la novela humanitaria de Escrich convivía con la lírica y vertheriana de Pastor Díaz, y la cota de malla de Men Rodríguez y el brial de la Sigea se rozaban con el frac del héroe a quien sus malandanzas obligaron a emigrar de Villahermosa a la China; si queremos, repito, dar con la soldadura de los dos periodos, es fuerza escribir el nombre de Don Pedro Antonio de Alarcón.

Infiltrado de romanticismo hasta la médula de los huesos, El Final de Norma deleitó a nuestros padres, lo mismo que el precioso capricho de Goya llamado *El sombrero de tres picos* nos deleita a nosotros; y he aquí cómo mi ilustre amigo Alarcón, sin llegar a viejo todavía, puede jactarse de haber cautivado a dos generaciones de gusto bien diferente. En efecto, los otros noveladores, los que ayer fueron regocijo de su edad, ya desaparecieron, arrastrados por la incontrastable corriente del tiempo, de nuestros actuales horizontes literarios, y los que no bajaron a la tumba muérense en vida, de la indiferencia del público inteligente, del desdeñoso silencio de la crítica, y en suma, del olvido, que es la peor muerte para un escritor; mientras Alarcón, resistiéndose como el que más a aceptar las nuevas tendencias, reina aún, es dueño de los corazones y de las imaginaciones, y sostiene con sus hábiles manos el ruinoso edificio de la novela idealista. No sé si habrá algún novelista contemporáneo que hechice al público como el autor de El Escándalo, no se si existirá alguno tan leído y predilecto de todos, sin distinción de sexos ni edades; pero sé que harta gente me pide prestada «una novela de Alarcón» con preferencia a las de otros autores. Y no es el público de Alarcón aquel que devora con bestial apetito entregas y tomos de Manini es el que Spencer llamaría la medianía ilustrada; se compone de personas que demandan a la novela entretenimiento o, como se decía antaño, honesto solaz, y abundan en él las damas. ¿Agradará Alarcón por conservar aun cierto perfume romántico? Pienso que no: a los españoles les dan mucho que hacer los partidos políticos y poco que pensar las escuelas literarias. Lo que atrae a Alarcón es el ingenio amable, «la buena sombra», la galantería morisca que respiran sus retratos de mujer, tocados con pincel voluptuoso y brillante; el estilo suelto, fácil y animado, el interés de las narraciones, y en suma, una multitud de cualidades ajenas al romanticismo y que no le deben nada a nadie, salvo a Dios que se las privilegió con larga mano. Si en los tipos de la Pródiga, el Niño de la Bola, de Fabián Conde y de otros héroes y heroínas de Alarcón se descubre la filiación romántica, en cambio el ya citado Sombrero de tres picos ostenta un colorido español neto, una frescura tal, que le hacen en su género modelo acabado. Y es que el ingenio de Alarcón gana con reducirse a cuadros chicos: su cincel trabaja mejor que exquisitos camafeos, ágatas preciosas, que mármoles de gran tamaño. Descuella en el cuento y la novela corta, variedad literaria poco cultivada en nuestra tierra, y que Alarcón maneja con singular maestría. Por todas estas peregrinas dotes, es Alarcón poderoso mantenedor de la antigua divisa novelesca y temible adversario de la nueva; mas los del campo enemigo, pedimos a Dios que desista de colgar la pluma. ¿Dictará su resolución la coquetería de retirarse cuando más le ama el público, dejando de sí radiante memoria? ¿Será por cansancio? Lo cierto es que se halla en la plenitud de sus facultades, y que jamás su fantasía pareció tan lozana como estos años últimos.

Con la retirada de Alarcón, pierde el idealismo el adalid más fuerte; Valera, aunque idealista, es un novelista aparte, que no formará escuela, porque es recio de imitar, según se entiende, a poco que reflexionemos en las condiciones que reúne. La más alta valla que separa de Valera a la profana turba de imitadores, es su elegante y pura dicción, tomada, mejor que del espontáneo Cervantes, de los místicos, escritores castizos por excelencia. No solo bebió en ellos Valera la limpieza un tanto arcaica de su estilo, sino el esmero y perspicacia con que escrutan y sondean los arcanos misteriosos del alma para explicarlos en frases de oro y párrafos de labrado marfil. Así es que, cuando se tradujeron al francés las novelas de Valera, bajo el título de Narraciones andaluzas, fue forzoso suprimir mucho de ellas, porque, según la Révue littéraire, contenían trop de théologie. Pensaban nuestros vecinos que las hijas de Dom Valera eran unas gitanas alegres, armadas de castañuelas, dispuestas a bailar seguidillas y jaleo, y se encontraron con unas monjas contemporáneas de Santa Teresa y Fray Luis de Granada, que apenas dejaban asomar por entre los pliegues de la toca su bello rostro helénico, donde lucía una volteriana sonrisilla! Con efecto, Valera enamora a los sibaritas de las letras, fundiendo la nata y flor de tres ideales de belleza literaria: el pagano, el de nuestro siglo de oro, y el de la más refinada cultura moderna; a todo lo cual hay que agregar una vena andaluza, dicharachera y jocosa. Como además Valera es muy sagaz, muy psicólogo, muy dueño de sí, parece que los hados le reservaban en la novela española el lugar de Stendhal en la francesa —un Stendhal perfeccionado, impecable en la forma cuanto fue pecador el verdadero—; pero a Valera le alejan del realismo varias cosas, y sobre todo su condición atildada y aristocrática, que le mueva quizá a considerar el naturalismo como algo tabernario y grosero, y la observación de lo real como trabajo indigno de una mente prendada de la hermosura clásica y suprema. Así es que el mayor título de gloria de Valera será la forma, esa forma aún más admirable aislada, que relacionada con los asuntos de algunas de sus obras.

No cabe duda que *Pepita Jiménez*, Doña Luz y otras heroínas de Valera hablan muy bien, y con muy concertadas y discretas razones; mas tampoco puede negarse que, por desgracia, hoy nadie habla así, a estilo de personaje de Cervantes. Y cuenta que si nombro a Cervantes para encarecer la perfección con que disertan los héroes de Valera, no omitiré advertir que el genio realista de Cervantes le impulsó a hacer que Sancho, por ejemplo, hablase muy mal, y cometiese faltas, y que Don Quijote le enmendase los voquibles. En Valera no hay Sanchos; todos son Valeras, y esto hace que se le estudie más bien como a un clásico que como a un novelista moderno; lo cual para unos será elogio, y para otros censura, y allá se las hayan, que yo por mi parte leo a Valera hasta con nimia delectación. Y si es cierta una teoría literaria que hallé no sé en qué famoso crítico francés, y establece que los novelistas copian la sociedad, pero ésta a su vez imita y refleja a los novelistas, aun pudiera ocurrir que nos entrase a todos tentación de hablar como los héroes de Valera, y redundaría en pro del idioma. Dejemos a un lado hipótesis, y pasemos a nombrar los novelistas que representan en España el realismo.

XIX. En España

Para decir dónde empieza el realismo español contemporáneo, hay que remontarse a algunos pasajes de las novelas de Fernán Caballero, y sobre todo a los autores de las Escenas matritenses y Ayer, hoy y mañana, sin olvidar a *Fígaro* en sus artículos de costumbres. A pesar de lo mucho que se diferencian el razonable y discreto Mesonero Romanos y el benévolo Flórez del alado, cáustico y nervioso Larra, sus estudios socialescoinciden en cierto templado realismo, salpimentado de sátira. Cuando tanta novela de aquella época pasó para no volver, los escritos ligeros de *Fígaro* y del Curioso Parlante se conservan en toda su frescura, porque los embalsama la mirra preciosa de la verdad. Acrecienta su interés el ser espejo de las añejas costumbres nacionales que desaparecían y las nuevas que venían a reemplazarlas; en suma, de una completa transformación social.

Pereda es descendiente en línea recta de aquellos donosos, perspicaces y amables costumbristas. Adhirióse francamente a su escuela, pero trasladándola de las ciudades al campo, al corazón de las montañas de Santander. Bizarro adalid tiene en Pereda el realismo hispano: al leer algunas páginas del insigne autor de las Escenas Montañesas, parece que vemos resucitar a Teniers o a Tirso de Molina. Puédese comparar el talento de Pereda a un huerto hermoso, bien regado, bien cultivado, oreado por aromáticas y salubres auras campestres, pero de limitados horizontes: me daré prisa a explicar esto de los horizontes, no sea que alguien lo entienda de un modo ofensivo para el simpático escritor. No sé si con deliberado propósito o porque a ello le obliga el residir donde reside, Pereda se concreta a describir y narrar tipos y costumbres santanderinas, encerrándose así en breve círculo de asuntos y personajes. Descuella como pintor de un país determinado, como poeta bucólico de una campiña siempre igual, y jamás intentó estudiar a fondo los medios civilizados, la vida moderna en las grandes capitales, vida que le es antipática y de la cual abomina; por eso califiqué de limitado el horizonte de Pereda, y por eso cumple declarar que si desde el huerto de Pereda no se descubre extenso panorama, en cambio el sitio es de lo más ameno, fértil y deleitable que se conoce.

Pereda, a Dios gracias, no cae en el optimismo, a veces empalagoso, de Trueba y Fernán: al contrario, sus paletos, por otra parte divertidísimos, se muestran ignorantes, maliciosos y zafios, como los paletos de veras, y no obstante, los tales rústicos son hijos predilectos del autor, a quien visiblemente enamora la sana, apacible y regeneradora vida rural, tanto como le repugnan los centros obreros e industriales y su desconsolada miseria. Pereda traza con amor los perfiles de jándalos, labriegos y mayorazguetes de aldea, gente sencilla, apegada a lo que de antiguo conoce, rutinaria y sin muchos repliegues psíquicos. Si algún día concluyen por agotársele los temas de la tierruca —peligro no inminente para un ingenio como el de Pereda—, por fuerza habrá de salir de sus favoritos cuadros regionales y buscar nuevos rumbos. No falta, entre los numerosos y apasionados admiradores de Pereda, quien desea ardientemente que varíe la tocata: yo ignoro si el hacerlo sería ventajoso para el gran escritor; siempre reina cierta misteriosa armonía entre el estilo y facultades de un autor y los asuntos que elige; esta concordia procede de causas íntimas; además el realismo perdería mucho si Pereda saliese de la montaña. Pereda observa con gran lucidez cuando la realidad que tiene delante no subleva su alma, antes le divierte con el espectáculo de ridiculeces y manías profundamente cómicas; pero acaso rompiese el pincel por no copiar las llagas más hediondas y la corrupción más refinada de otros sitios y otras gentes.

Para el realismo, poseer a Pereda es poseer un tesoro, no solo por lo que vale, sino por las ideas religiosas y políticas que profesa. Pereda es argumento vivo y palpable demostración de que el realismo no fue introducido en España como mercancía francesa de contrabando, sino que los que aman juntamente la tradición literaria y las demás tradiciones, lo resucitan. Cosa que no cogerá de nuevo a los inteligentes, pero sí a la turba innumerable que cuenta la era realista desde el advenimiento de Zola.

Si Pereda tiene el realismo en la masa de la sangre, no así Galdós. Por cierto fondo humano y cierta sencillez magistral de sus creaciones, por la natural tendencia de su claro entendimiento hacia la verdad, y por la franqueza de su observación, el egregio novelista se halló siempre dispuesto a pasarse al naturalismo con armas y bagajes; pero sus inclinaciones estéticas eran idealistas, y solo en sus últimas obras ha adoptado el método de la novela moderna y ahondado más y más en el corazón humano, y roto de una vez con lo pintoresco y con los personajes representativos para abrazarse a la tierra que pisamos. Aunque no gusto de citarme a mí misma, he de recordar aquí lo que dije de Galdós, hará sobre tres años, en un estudio no muy breve que consagré a sus obras en la Revista Europea. Desde aquella fecha, mis opiniones literarias se han modificado bastante, y mi criterio estético se formó como se forma el de todo el mundo, por medio de la lectura y de la reflexión; desde entonces me propuse conocer la novela moderna, y no solo llegó a parecerme el género más comprensivo e importante en la actualidad, y más propio de nuestro siglo, que reemplaza y llena el hueco producido por la muerte de la epopeya, sino el género en que, por altísima prerrogativa, los fueros de la verdad se imponen, la observación desinteresada reina, y la historia positiva de nuestra época ha de quedar escrita con caracteres de oro. No obstante, entonces como hoy Galdós era para mí novelista de primer orden, Sol del firmamento literario, porque en él se reúnen las dotes de equilibrio y armonía, abundancia y vigor; porque su estilo, si no cabe en la estrecha y cincelada ánfora de Valera, fluye a oleadas de una urna preciosa; porque posee felicísima inventiva y ese don de la fecundidad, don funesto para los malos escritores y aun para los medianos que propenden a dormitar, prenda de valor inestimable para los grandes artistas. Con una sola novela o con un fragmento de oda, puede ganarse la inmortalidad, es cierto; pero hay algo que cautiva y suspende en la manifestación de la energía creadora de esos escritores y poetas que son ellos solos un mundo, y que dejan en pos de sí larga posteridad de héroes y heroínas; los Shakespeare, los Balzac, los Walter Scott, los Galdós.

Mas lo que desaprobaba entonces en el Galdós de los *Episodios*, lo que me parecía el lado flaco de su extraordinario talento, era la tendencia docente –en un sentido amplio e histórico, es cierto, pero docente al cabo–, el alegato sistemático contra la España antigua, las paletadas de tierra arrojadas sobre lo que fue; y esta tendencia, que cada vez se iba acentuando más en la magnífica epopeya de los *Episodios*, hasta declararse explícitamente en la segunda serie, hizo explosión, digámoslo así, en *Doña Perfecta*, en *Gloria*, en *La familia de León Roch*, novelas trascendentalísimas, de tesis, y hasta simbólicas. Por fortuna, o más bien por el tino que guía al genio, Galdós retrocedió para huir de ese callejón sin salida, y en *El amigo manso* y en *La desheredada* comprendió que la novela hoy, más que enseñar o condenar estos o aquellos ideales políticos, ha de tomar nota de la verdad ambiente y realizar con libertad y desembarazo la hermosura. ¡Bien haya el ilustre escritor, bien haya por haber sacudido el yugo de ideas preconcebidas! Sus desposorios con el realismo le preservarán de la tentación de hacerse en sus novelas paladín del libre pensamiento y del sistema constitucional, cosas que yo aquí no juzgo, pero que en los admirables libros de Galdós no hacen falta como espíritu informante.

Contando, pues, en la falange realista a Galdós y Pereda, como en la idealista hemos visto descollar las figuras de Valera y Alarcón, podemos decir que en España está entablada la lucha —lo mismo que en Francia— entre las dos escuelas. Es verdad que aquí la batalla se da callandito y sin gran ardor bélico; es verdad que aquí no se toma la cuestión —¡qué se ha de tomar! —con el calor que en Francia; puede consistir en varias cosas: en que aquí los idealistas no se van tan por los cerros de Úbeda como allá, ni los realistas recargan tanto el cuadro, o sea que ninguna de las dos escuelas exagera por distinguirse de la otra; o acaso en que el público es indiferente a la literatura, sobre todo a la impresa; la representada le produce más efecto.

El escritor es un factor de la producción literaria, mas no olvidemos que el otro es el público; al escritor toca escribir, y al público animarle y comprar y poner en las nubes, si lo merece, lo escrito; pues bien, en España casi no se puede contar con el público; la amante del público español no es la literatura, es la política, y solo cuando esta querida imperiosa le deja unos minutos libres, se le ocurre decir a las letras algún requiebro e ir a buscarlas al rincón donde se empeñan en no morirse de tedio. No afirmo yo que las novelas carezcan en absoluto de lectores, si bien la novela, en nuestra tierra de garbanzos, dista mucho de ser, como en Inglaterra, una necesidad social; pero aquí, que no somos ni comunistas ni tacaños, guardamos el comunismo y la tacañería para las novelas, y todo el mundo se asusta de que una novela cueste tres pesetas y hasta dos, como la primera edición de los *Episodios*. Dos pesetas se gastan pronto en el café, en una butaca para el teatro, en cohetes, en naranjas, ¡pero en una novela! Todo español se tienta el bolsillo. Novela tengo yo de Alarcón, Valera o Galdós, que ya he prestado a una docena de personas acomodadas, y a cada una que me la pide le aconsejaría, por su bien, que la comprase, a no recelar que atribuyese el consejo a mala voluntad de no prestarla. En fin, ¿qué más? ¡hubo quien me pidió prestadas mis propias novelas! Y sin embargo, no sé si llegaría a cincuenta duros lo que costase formar una biblioteca completa de novelistas españoles contemporáneos.

¿Qué puede esperar aquí el novelista? Fijemos el plazo de medio año para planear, madurar, escribir y limar una novela, esmerada en la forma y meditada en el fondo: ¿cuál es el producto? Valera declara que su *Pepita Jiménez* —su perla— le habrá valido unos ocho mil reales. ¡De suerte que no asciende a mil duros al año lo que el ingenio novelesco de Valera puede reportar! Casi comprendo que prefiera la embajada.

Y es de advertir que si el novelista español no saca provecho materialmente hablando, tampoco gana mucha honra, ni esas ovaciones embriagadoras que elevan veinte palmos del suelo a los autores dramáticos. Para éstos son todas las ventajas, las pecuniarias y las literarias, amén de verse libres y exentos de la innoble competencia que la novela por entregas y las malas traducciones del francés hacen a los noveladores que se precian de respetar el idioma y el sentido común.

Y no me diga nadie que la cuestión de dinero es baladí, y que basta con la prez de haber escrito algo bueno, aunque nadie manifieste estimarlo. Si el sacerdote vive del altar, ¿por qué no ha de vivir el novelista de la novela? Y puesto caso que no necesite para vivir lo que la novela produzca, ¿no ha de apreciar el dinero, única señal evidente de que no le falta público? Con este sistema de empréstito que se estila en España, una novela puede tener treinta mil lectores y solo mil ejemplares de edición.

Entre las causas que hacen improductiva la novela en España, no debería contarse la escasez de lectores, pues nosotros tenemos un público inmenso, si atendemos a las repúblicas de Sud América que hablan nuestro idioma. Pero gracias a la indiferencia con que se mira cuanto a las letras atañe, los libreros e impresores de por allá pueden saquear a los escritores hispanos muy a su sabor, y ese público ultramarino resulta estéril para la prosperidad de la literatura ibera.

Así es que, bien considerado, todavía es admirable que gocemos de tantos buenos novelistas en España, y de tanta excelente novela, y que en ese géne-ro, que Gil y Zárate y Coll y Vehi ponen a la cola y hoy marcha a la cabeza de los demás, nos hallemos a la altura de las primeras naciones europeas. No contamos por docenas los grandes novelistas vivos, pero tampoco los cuenta

Francia, ni menos, que yo sepa, Inglaterra, Alemania e Italia. Comparadas obras con obras, no cede nuestra patria el paso. Además de Pereda, Galdós, Alarcón y Valera, de quienes más especialmente traté, hay la cohorte donde figuran Navarrete, Ortega Munilla, Castro y Serrano, Coello, Teresa Arróniz, Villoslada, Palacio Valdés, Amós Escalante, Oller, unos representando los antiguos métodos, otros los nuevos, pero todos enriqueciendo la novela patria.

¡Quiera Dios que el homenaje públicamente tributado a Pérez Galdós estos días sea indicio cierto de que el público empieza a recompensar los esfuerzos de la falange sagrada! ¡Quiera Dios que el entusiasmo no se disipe como la espuma del Champagne con que brindaron!

XX. ...y último

Hemos llegado al fin de la jornada, no porque se agotase la materia, sino porque se cumplió mi propósito de reseñar la historia del naturalismo, sobre todo en la novela, campo donde con más lozanía crece esa planta tenida por ponzoñosa. Tela queda cortada, no obstante, para el que venga atrás: aparte del interesantísimo estudio que podrán hacer sobre la novela italiana, alemana, portuguesa, rusa —en todas ellas ha penetrado, con más o menos pujanza, el espíritu del realismo—, le dejo intacto y virgen el casi pavoroso problema de la renovación del arte dramático y la poesía lírica por medio del método naturalista. Yo bien diría mi parecer acerca de todo eso que paso por alto; solo que si de la novela italiana, rusa y alemana conozco lo más culminante —las obras de Farina, Turgueneff, Evers, Freytag, Sacher Masoch—, apenas me formo clara idea del conjunto, y sentiría proceder con esas literaturas del modo que suelen los críticos franceses con la nuestra, hablando a tun tun y sin conocimiento de causa; y por lo que hace al naturalismo en las tablas, se me ocurren tantas cosas, y algunas tan peregrinas y desusadas por acá, que me sería forzoso escribir otro libro si había de exponerlas debidamente. Quédese para pluma más experta en achaque de literatura dramática.

Tocante al naturalismo en general, ya queda establecido que, descartada la perniciosa herejía de negar la libertad humana, no puede imputársele otro género de delito: verdad que éste es grave, como que anula toda responsabilidad, y por consiguiente, toda moral; pero semejante error no será inherente al realismo mientras la ciencia positiva no establezca que los que nos tenemos por racionales somos bestias horribles e inmundas como los yahús de Swift, y vivimos esclavos del ciego instinto y regidos por las sugestiones de la materia. Antes al contrario, de todos los territorios que puede explorar el novelista realista y reflexivo, el más rico, el más variado e interesante es sin duda el psicológico, y la influencia innegable del cuerpo en el alma y viceversa, le brinda magnífico tesoro de observaciones y experimentos.

Sin detenerme en el punto anterior, ya suficientemente tratado, no quiero omitir que si abundan los acusadores rutinarios del naturalismo, en cambio no falta quien asegure que no existe, o que bien mirado es idéntico al idealismo, como dicen algunos historiadores de la filosofía que son, en el fondo, Platón y Aristóteles. Y hay autores, por más señas realistas hasta los tuétanos, que repugnan ser clasificados con el nombre de tales, y protestan que al escribir solo obedecen a su complexión literaria, sin ceñirse a los preceptos de escuela alguna: así el insigne Pereda, en el prólogo de De tal palo, tal astilla. ¿A quién no agrada blasonar de independiente, y quién no se cree exento del influjo, no solo de otros autores, sino hasta del ambiente intelectual que respira? No obstante, ni al mayor ingenio es lícito jactarse de tal exención; todo el mundo, sépalo o no, quiéralo o no, pertenece a una escuela a la cual la posteridad le afilia no respetando sus protestaciones y atendiendo a sus actos. La posteridad, o dígase los sabios, eruditos y críticos futuros, procediendo con orden y lógica, pondrán a cada escritor donde deba hallarse, y dividirán y clasificarán y considerarán a los más claros genios como representantes de una época literaria; así se hará mañana, porque así se hizo siempre. ¡Ay del autor a quien no reclame para sí escuela alguna! Los más excelsos artistas están clasificados: sabemos qué fueron —según rasgos generales, y por modo eminente— Homero y Esquilo, Dante y Shakespeare. ¿Pierde algo Fr. Luis de León porque se le llame poeta neo-clásico y horaciano? ¿Vale menos Espronceda por byroniano y romántico? ¿Es mengua de Velázquez ser pintor realista?

Una ventaja tenemos hoy, y es que la preceptiva y la estética no se construyen a priori, y las clasificaciones ya no son artificiosas y reglamentarias, ni se consideran inmutables, ni se sujetan a ellas los ingenios venideros, antes ellas son las que se modifican cuando hace falta. Se ha invertido el papel de la crítica, o mejor dicho, se le ha señalado su verdadero puesto de ciencia de observación, suprimiendo sus enfadosos dogmatismos y su impertinente formulario. En el día, la crítica se concierta a los grandes escritores, pasados y presentes, y los define, no como debieron ser en opinión del preceptista, sino como ellos se manifestaron, y el árbol es conocido por sus frutos. Así el artista independiente, que repugna las clasificaciones arbitrarias, no tiene por qué sublevarse contra la crítica nueva, cuyo oficio no es corregir y distribuir palmetazos, sino estudiar y tratar de comprender y explicar lo que existe.

Hoy más que nunca se proclama que, dentro de cualquier dirección artística, conviene al individuo conservar como oro en paño su carácter propio y afirmarlo y desenvolverlo lo más constante y enérgicamente que sepa, y que de esa afirmación y conservación y desarrollo pende, en última instancia, el sabor y colorido de sus obras. Ya es casi una perogrullada decir que cada cuál debe abundar en su propio sentido, y de hecho, si inventariamos a un autor según sus rasgos generales, lo distinguimos después por los particulares, al modo que suelen las hermosuras dividirse en tipos morenos, rubios y castaños, y cada uno de ellos posee sus peculiares gracias y fisonomía.

Zola siente acertadamente que el naturalismo más se ha de considerar método que escuela; método de observación y experimentación, que cada cual emplea como puede; instrumento que todos manejan en diferente guisa. Tengo para mí que en esto hemos adelantado, y que se parecían más entre sí dos líricos, o dos autores dramáticos antiguos, de lo que se parecen hoy, por ejemplo, dos novelistas. Pienso que antes eran las escuelas más tiránicas y menos abundante el juego de los registros que podía tocar un autor. Hasta en copiarse unos a otros se me figura que hacían menos escrúpulo los antiguos. No me concierne decir si los estudios que hoy termino ayudarán al conocimiento de las tendencias de las nuevas formas y a la demostración de que llevan la mejor parte en la lid y son dueñas y señoras del último tercio de nuestro siglo. Yo no desconozco la gallardía, la riqueza, la fecundidad de otras formas hoy expirantes, ni trato de probar que las que se nos van imponiendo sean límite fatal de la humana inteligencia, que, ávida de belleza, la buscará siempre consultando con ansiosa ojeada los más remotos puntos del horizonte. La belleza literaria, que es en cierto modo eterna, es en otro eminentemente mudable, y se renueva como se renueva la atmósfera, como se renueva la vida. No pronostico, pues, el perenne reinado, sino solo el advenimiento del realismo; y añado que su noción fundamental es imperecedera, y que su método será tan fértil en resultados dentro de diez siglos como ahora.

Un fiel pintor de paisaje no pone en la paleta para copiar el Sol y el firmamento de Andalucía las mismas tintas que empleó para celajes del Norte. En España, realismo y naturalismo han de tener muy distinto color que en Francia. Es el realismo tradición de nuestra literatura y arte en general; nuestros narradores se distinguieron por la frase gráfica y la observación franca y sincera; y desde los tiempos gloriosos de nuestra mayor prosperidad intelectual, Cervantes hizo al lector trabar conocimiento con jiferos y rameras, arrieros, galeotes y pícaros de la hampa, y lo condujo a la almadraba y a la casa non sancta de *La Tía Fingida*; que por entonces no se le daban a la literatura polvos de arroz, ni

138

nadie la perfumaba con almizcle, ni era remilgada damisela atacada de vapores y desmayos, sino matrona robusta y bizarra, enamorada de la vida real y de la aventurera y heroica existencia del Renacimiento. Pues bien, hoy que los tiempos han cambiado, tanto se engañará quien piense que podemos repetir en todo aquella novela picaresca, como quien pretenda calcar servilmente la francesa contemporánea. Nuestro pueblo no es el de Bougival, ni el del arrabal de San Antonio, ni el que frecuenta el *Assommoir*; nuestras damas no se asemejan a Renata, la esposa de Rougon, ni nuestras comediantas a *La Faustin*; pero tampoco hoy viven los huéspedes de Monipodio, ni la heroína de *La fuerza de la sangre*, ni Preciosa, la gitanilla, ni... ¿a qué cansarnos? La España actual no es la del siglo XVI, ni menos es Francia, y las novelas contemporáneas españolas tienen que retratarla en su verdadera figura.

No estamos muy lucidos, en cierto respecto, los iberos; mas los pensadores de la nación vecina hablan de una cosa terrible que llaman finis Galliae y explica las sombrías tintas del naturalismo francés. Acá, los que estudiamos el pueblo, no ya en las aldeas, no en las comarcas montañosas, que gozan fama de morigeradas costumbres, sino en un centro obrero y fabril, notamos —sin pecar de optimistas— que, a Dios gracias, nuestras últimas capas sociales se diferencian bastante de las que pintan los Goncourt y Zola. Así el realismo, que es un instrumento de comprobación exacta, da en cada país la medida del estado moral, bien como el esfigmógrafo registra la pulsación normal de un sano y el tumultuoso latir del pulso de un febricitante.

Dije al principio de estos artículos que me concretaría a exponer el naturalismo con imparcialidad, y, en efecto, me esmeré en señalar los que tengo por errores y vicios suyos, lo mismo que los que me parecen aciertos singulares. Ha recompensado mis esfuerzos la atención que el público otorgó a esta serie —atención extraordinaria comparada con la que acostumbra a conceder a los trabajos de orden puramente crítico e histórico—. El interés con que se buscaron y leyeron mis artículos; las observaciones, felicitaciones y elogios ardentísimos que les prodigaron varones eminentes; las voces que ya en son de aprobación, ya de protesta, llegaron a mis oídos, probáronme, no la excelencia de mi trabajo (cuyos defectos no se me ocultan), sino su oportunidad, y si la frase no parece inmodesta, lo muy necesario que en la república de las letras era ya alguien que tratase despacio la cuestión, a la vez trillada y ardua, y, sobre todo, realmente palpitante, del naturalismo.

Lo que me resta desear es que venga en pos de mí otro que con más brío, más ciencia y autoridad que yo, esclarezca lo que dejé oscuro, y perfeccione lo que imperfecto salió de mis manos.

Apéndice

Epístola a la autora de *La cuestión palpitante*
En Inglaterra
Muy señora mía:
Reconozco que he de merecer bien poca indulgencia de su parte, si al emitir mi opinión sobre la novela inglesa, empiezo por desconocer una de las más estrictas reglas de la sociedad británica, llevando a cabo yo mismo mi propia presentación: pero es el caso, mi distinguida amiga, que separándonos la distancia material, la requerida «introduction» ofrecía grandes dificultades, y deberé por hoy contentarme con «your literary acquaintance».

Hechas estas salvedades, encaminadas a disculpar mi osadía, yo, pobre aprendiz de literato, me voy a permitir el lujo de la controversia con la más distinguida de nuestras escritoras.

Y no tome usted esta última frase por una oportuna flor o una adulación de compañerismo; no, señora mía, pues, aseguro a usted que mi aserto está basado en las aptitudes que viene usted demostrando de algún tiempo acá, y que yo no gusto de otorgar jefaturas literarias o artísticas (que para mí quisiera) al primero que llega.

En Inglaterra estaba yo, cuando un amigo, que de Madrid vino, conociendo mi sed literaria, me obsequió, entre otras obras de actualidad, con un ejemplar de su novela *Un viaje de novios*; experimenté viva alegría al ver el nombre de una mujer al frente de la obra, y la leí con vivo interés; más tarde, después de mi vuelta a España, vinieron a mis manos fragmentos de su libro, titulado San Francisco de Asís, y no me contenté con leerlo una vez; en fin, cuando hube leído algunos capítulos de *La cuestión palpitante*, prorrumpí en estos términos: «Esta mujer sabe más que muchos hombres sabios» y desde entonces me hubiera dirigido a usted para preguntarla: ¿en dónde ha aprendido usted todo esto?... y sin embargo muchas de sus opiniones no eran las mías... ¿De dónde, pues, procedía esta admiración? Es que yo, hijo del siglo XIX, quiero la educación de la mujer en sus más elevadas manifestaciones; es que yo deseo se conserven para la posteridad las miríadas de átomos de oro que proceden del cerebro femenino, y no que se oculten y escondan dentro del círculo de hierro de las costumbres españolas; es que, como yo no pertenezco a ninguna escuela veo lo bueno y lo malo de todas ellas.

[...]

Me falta el espacio para demostrar la gran diferencia que existe entre el realismo de Shakespeare y el de Zola; y aún el mismo Chaucer, quien con Ben Jonson, Beaumant y Fletcher incurrieron en la fraseología grosera, como sucedió a nuestro Tirso; pero si usted repasa el texto shakespeariano (exceptuando el Titus Andronicus, que no creo del gran maestro) verá usted claramente la distancia que separa a estos realistas del pasado, de los realistas del presente.

Me llama sobremanera la atención el aserto de que donde quiera que prevaleció el espíritu de la reforma fue elemento de inferioridad literaria, pues Alemania y la misma Inglaterra con sus ricos tesoros literarios me demuestran lo contrario.

Comparto con usted el recto juicio que de Foe, Swift y aun Goldsmith tiene formado, y la igualo en admiración y entusiasmo por Walter Scott, a quien usted tan hábilmente denomina The last minstrel, sirviéndose del título de su precioso «lay».

Más adelante, al tratar en el artículo, a que contesto, de los novelistas hembras (frase textual), usted, mujer y novelista, me parece demasiado severa con sus compañeras, y, sobre todo, con las novelistas, hijas de «clergymen»; pero es el caso que, como éstas no componen sino una mínima parte de las señoras que escriben, las casi justas observaciones que usted hace sobre estas misioneras del protestantismo, no tocan a las autoras hijas de «gentlemen».

No niego que entre tal número de «ladyes-novelistes» no haya muchas cabezas vulgares; pero no son tan solo Ouida y Jorge Elliot las únicas figuras que descuellan en el campo de la novela inglesa: sin remontarme al pasado y tan solo en los últimos seis meses, se han publicado novelas de tan relevante mérito como Eve Lester, de Alice Diehl; Keith's Wiffe, de lady Greville; It was a lover his lass, de Mrs. Oliphant, y tantas obras debidas a las plumas de Mrs. Riddell, mistress Adams, Mrs. Cashel Hoey, miss Gerard, miss H. Jays, etcétera, etcétera.

No puedo menos de admirar la metáfora de que usted se sirve para expresar la rapidez de producción de algunos autores ingleses, diciendo «que se han empeñado en llenar tres jícaras con una onza de chocolate» —pero observaré que este defecto no es tan solo de novelistas ingleses—; y pasando de la novela al drama citaré como ejemplo de esa precipitada manufactura a nuestro insigne Echegaray, y muchos otros pudiera citar, que por ser fecundos ensanchan y estiran el argumento de un acto, hasta obtener los tres de rigor en obras dramáticas de alguna importancia.

Pero veo que me he ido enredando, y con tanto nudo no encuentro la hebra principal de esta madeja de argumentación; mas... ¡héla aquí!... empiezo, pues —a devanar— que el realismo de Zola, o sea el naturalismo inmoral, no existe en las novelas inglesas, pues como usted misma dice, «son obras que se pueden leer en familia, y ser escuchadas por todos los individuos de ella», lo cual prueba que, si son realistas o materialistas, no son groseras y repugnantes, como muchas de las francesas.

El poner de relieve los vicios sociales, es muy honrosa tarea: pero opino que el novelista «detenga» su escalpelo al llegar a ciertos tejidos; que así como se recomienda al hombre entregado a los placeres materiales la meditación en la muerte y la vista de los sepulcros, pero no convendría rodearle de corrompidos cadáveres, de igual manera hay ciertos vicios que pudiéramos llamar pútridos, y que deben presentarse al lector cubiertos con la blanca losa de la decencia.

Estas son en pocas palabras, y en mala prosa, las consideraciones que me han sugerido uno de sus capítulos sobre «*La cuestión palpitante*», y bien sabe Dios que al publicarlas no lo hago con la intención de igualarme con los talentos superiores, sino deseoso de justificar la novela inglesa.

Y si alguno otro móvil me ha llevado a emitir mi parecer (de bien poco valor literario) sobre la cuestión de actualidad, quizás sea el de proporcionarme el honor de ver mi nombre en las mismas páginas en que figura el de la erudita autora de San Francisco de Asís, de quien si difiero en algunas opiniones, soy por otra parte muy entusiasta admirador, y en quien veo a una de las flores literarias, que con Rosario Acuña, Josefa Barrientos y alguna otra, forman el precioso ramillete de poetisas y escritoras de la España contemporánea.

Queda de usted afectísimo y seguro servidor que S.S.P.P.B.

El marqués de Premio-Real

Respuesta a la epístola del señor marqués de premio-real

En Inglaterra

Muy señor mío: La cortés epístola que usted se ha servido dirigirme en las columnas de *La Época*, correspondiente al domingo 8 del actual, puede dividirse en dos partes. Redúcese la primera a dedicarme elogios inmerecidos y referir cómo llegaron a conocimiento de usted mis obras literarias; la segunda a impugnar algunos hechos y opiniones que se contienen en el artículo XVII de la serie que bajo el epígrafe de *La cuestión palpitante* he publicado.

A la primera parte de su epístola no tengo, pues, nada que contestar, como no sea inclinarme agradeciendo las alabanzas, aceptando la amistad que me brinda, y dispensando de buen grado la ceremonia sajona de la previa presentación, abrogada en la campechanísima república de las letras, donde todos nos introducimos en casa de la persona más respetable para nosotros —el público— sin más padrinos que nuestro propio arresto y desenfado. Respecto a la segunda, empiezo advirtiendo que no es usted el primero en poner objeciones a *La cuestión palpitante*, y que yo había resuelto no responder sino a los impugnadores de todo el cuerpo de doctrinas que contiene la serie, si alguno se presentaba; obedeciendo esta determinación al deseo de que la polémica tuviese carácter grave y tal vez redundase en beneficio de las letras españolas. Mas su epístola de usted no solo censura doctrinas mías, pero niega hechos concretos que cité en su apoyo: ya no puedo hacerme la desentendida.

Empieza usted a objetarme diciendo que le falta espacio para demostrar la gran diferencia que existe entre el realismo de Shakespeare y el de Zola. Si se refiere usted a diferencias de método, de concepto filosófico, y sobre todo históricas, no creo piense usted que las desconozco cuando precisamente toda mi serie de artículos está basada en la idea de la incesante transformación que sufre la literatura, adaptándose, o, mejor dicho, concertándose a la edad en que nace y vive; pero si (como se desprende del sentido del párrafo) lo que quiere usted dar a entender es que Shakespeare fue más pulcro y comedido que Zola, y presentó la realidad envuelta en más tupidos cendales, entonces sostengo mi afirmación de que el gran autor de Midsummer night's dream llegó hasta donde Zola, con todo su naturalismo, no osará seguirle. ¡Shakespeare! Un año entero le traduje en alta voz, en unas reuniones íntimas, casi de familia, con que engañábamos las noches en esta su casa; y aunque a ellas no asistían doncellitas inocentes, en mi vida me he visto en tales aprietos, variando acá y saltando acullá pasajes que no eran para leídos. Usted me encarga que repase el texto shakespeariano. Bien, pues haga usted el favor de acompañarme, y lo repasaremos a medias: yo indicaré el pasaje, usted lo recorrerá y me dirá luego qué le parece de él.

Descartemos el Titus Andronicus, que sea original o solo refundido por Shakespeare, siempre es un espeluznante dramón, y hablemos solo de las obras maestras. ¿Recuerda usted en Hamlet los groseros equívocos con que éste abochorna a Ofelia (acto 3.º, escena II); Thats a fair thought... It would cost you... y los consejos que da a la reina (acto 3.º, escena IV) Let the bloat King... diálogo entre un hijo y una madre que ningún autor dramático se atrevería hoy a escribir? ¿Se ha fijado usted en varios pasajes de Otelo, desde lo que Yago dice a Brabancio (acto 1.º, escena III) Even now, even now, an old black ram... y lo que diserta con Rodrigo (acto 1.º, escena III) If the balance of our lives... hasta la escena III del acto 3.º, donde el mismo Yago enciende la sangre del moro: O, beware, my lord... y todos los cuadros que después le pinta? ¿Qué me cuenta usted de Romeo and Juliet, con aquella conjuración de Mercucio (acto 2.º, escena I) by her fine foot, straight leg... y aquellas chanzonetas subidas de color que se permite la nurse, cuando en el mismo acto 2.º, escena V, exclama dirigiéndose a Julieta, Then hie you hence?... ¿Y All's well that ends well? ¿Cómo se las compondría usted para referir a una dama el argumento (del cual han hecho recientemente una opereta que escandalizó a los nacidos y dio pie a la gente gárrula para declamar contra el impudor del moderno teatro)? ¿Cree usted que, así y todo, el libretista contemporáneo habrá osado reproducir textualmente pláticas como la del acto 1.º, escena I, entre Parolles y Helena o el convenio entre Beltrán y Diana, «When midnight comes...»?

Por mucho que Zola extreme la grosería exterior, ¿llegará a cosas tan indecorosas como es la escena IV del acto 3.º de King Henry V, la lección de inglés que da a la princesa Catalina de Francia su camarista Alicia? Por mucho que acentúe la nota horrible, ¿alcanzará al episodio del ojo arrancado y pisoteado, en King Lear? ¿Hay estudio más cruel de la flaqueza humana que la escena en que Ricardo III, asesino de los hijos de Eduardo, pide a la madre de las inocentes víctimas la mano de su hija, y deposita en su frente un beso filial?

¿Qué le quedó a Shakespeare por analizar, ni qué respetó su musa, después de presentarnos a los príncipes de Gales corriéndola (no encuentro palabra más expresiva) con los Falstaff y los Poins y tomando la corona de la frente del agonizante padre, y a los magnates y obispos tratándose como se tratan Gloster y Winchester en la escena IV del acto 5.º de King Henry VI, y al severo Angelo de Measure for measure murmurando al oído de Isabel «fit thy consent to...?» En fin, señor marqués, el lector se impacientará de tanta cita inglesa; mas si a usted le parecen pocas, dispuesta estoy a multiplicarlas, porque aún perdoné la mención de Troilus and Cressida, que, como usted sabrá, es la madre de las actuales desvergonzadas óperas bufas, y de Merry wives of Windsor, donde hay sal y pimienta y hasta guindillas valencianas, y de otras mil cosas de Shakespeare ante las cuales —insisto en ello se queda Zola tamañito. Y ahora dígame usted por su vida: ¿dejará Shakespeare de ser un genio portentoso y único en Inglaterra porque yo haya tenido que comerme pasajes del texto shakespeariano cuando lo leía de recio? ¿Serán superiores a él, podrán siquiera mirarle sin cegar con su luz esos novelists de ambos sexos que amenizan las veladas del home británico? Reconozcamos de una vez que la belleza de la obra de arte no consiste en que se pueda leer en familia: es más; creo que apenas existirá familia en el mundo cuyos individuos tengan todos la inteligencia al diapasón de las obras maestras de alta literatura; y añado que ni los mismos escritores místicos, ni la sublime Imitación, ni la Biblia, ni el Evangelio, son para todas las cabezas. Los protestantes, metiendo este divino libro en manos indoctas, hicieron hartos fanáticos y muchos locos de atar.

Le llama a usted la atención mi aserto de que donde quiera que prevaleció el espíritu de la Reforma, fue elemento de inferioridad literaria. No sé si se fijó usted en el valor de la palabra espíritu. Por prevalecer el espíritu entiendo yo, y creo que entiende todo el mundo, no la victoria material, sino el predominio moral y completo en las costumbres sociales y en los ideales artísticos. Así Alemania no es argumento en contra de mi tesis, porque allí el protestantismo no logró nunca hacer la sociedad y las letras a su imagen. Inglaterra, Suiza, Norte América, son los países donde el espíritu reformista logró infiltrarse y dominar; Inglaterra, al enterrar con Shakespeare la última savia católica, enterró también, para siempre, el drama; suizos y yankees ya sabemos lo que han dado de sí. Por lo demás, el aserto no es hallazgo mío; lo deduje de la lectura de Taine, autor poco sospechoso de parcialidad católica.

Acúsame usted de demasiado severa con mis compañeras las novelistas británicas. Lo sentiría si fuese verdad, porque me parecen del peor gusto las envidillas entre señoras; pero me tranquiliza el haber dicho que desde la muerte de Dickens, Bulwer y Thackeray, el cetro de la novela inglesa pertenece a la ilustre Jorge Elliot. También asegura usted que mis observaciones sobre la influencia de las autoras hijas de clérigos pierden su valor, porque éstas solo componen una mínima parte de las damas que escriben. Pues fijémonos solo en las novelistas más conocidas, y resulta que deben el ser a ministros, rectores y vicarios, Jane Austen, Jorge Elliot, Frances Trollope (tronco de la numerosa y célebre familia novelista Trollope), las tres nombradísimas Currer, Ellis y Acton Bell, Eliza Linn Linton Elizabeth Gaskell (hija de un reverendo y mujer de otro, por más señas). Si esto sucede con las principales, lo mismo pasará con las secundarias; por lo demás, claro está que no pretendo que todas las novelists sean hijas de clergymen; ya sé que las hay hasta ladies, en el sentido restrictivo de la palabra, y que la primer authoress de Inglaterra —por orden de jerarquía social— es la Reina Victoria. Mas no por eso es menos cierto lo que digo del carácter predicador que aquellas diaconisas imprimen a las letras, y de lo que se esmeran, como miss Yonge y miss Sewell, en usar su pluma in aid of religion.

No cité a Ouida y J. Elliot como únicos que se destacan sobre un océano de cabezas vulgares, pero confieso ingenuamente no conocer a las autoras o autores de esas novelas de relevante mérito, publicadas en los seis últimos meses y que usted nombra (a excepción de Miss Oliphant, de la cual tengo noticia). A los restantes misters, mistress y ladies, Greville, Diehl, Ridell, Adams, Cashel Hoey, Gerard, Say, los he buscado en balde, no solo en el Diccionario biográfico de escritores contemporáneos de Gubernatis (obra bastante incompleta, es cierto), sino en la detallada reseña que de la literatura inglesa contemporánea hace el volumen 2.000 de la colección Tauchnitz, sin poder dar con ellos ni tropezarlos en Revista alguna de las que leo para seguir el movimiento literario. Estarán, pues, esos y esas novelistas en la aurora de su celebridad, y yo no puedo (según indico en mi artículo sobre la novela inglesa) leer cuanta novela se imprime en Inglaterra, ni siquiera la mitad o la cuarta parte; cuando la fama, salvando el Estrecho, trompetea una y otra vez un nombre de autor y lo levanta a la altura, no ya del de Dickens o Elliot, pero al menos del de Ouida o miss Braddon, es cuando los extranjeros podemos atrevernos a pedir sus obras, sin temor de que nos pase como a cierto amigo mío, que se perecía por los estrenos y compraba muy cara la butaca, y luego salía renegando de haber gastado tanto dinero en aburrirse y oír simplezas.

He respondido a lo concreto; tocante a aquello que empieza usted a devanar, en mis artículos constan mis opiniones, y si tiene usted paciencia asaz para buscarlas, allí las encontrará.

Una pregunta antes de concluir. ¿Por qué hace usted que Echegaray pague, como suele decirse, los platos rotos en esta escaramuza? Yo le aseguro a usted que Echegaray está inocente de los motines realistas que empiezan a estallar; yo le respondo a usted de que el ilustre autor de El Gran Galeoto no viste nunca el prosaico gabán de Zola, y prefiere la ropilla de Lope de Vega; no me meto en si le viene estrecha u holgada; digo que viste ropilla y usa espada de cazoleta y chambergo con plumas, y bizarro cintillo de pedrería. Y en cuanto a si diluye o no los argumentos para que completen los tres actos, siempre sería grave defecto, hiciéralo él o hiciéralo el mismo Lope; mas yo creo que no es argumento ni recursos dramáticos lo que falta a Echegaray.

Quiero terminar dando a usted gracias por haber confirmado de todo en todo mi aserto de que es opinión aristocrática la de la supremacía de la novela inglesa. Ya ve usted si tenía yo razón: el primer paladín que sale a romper lanzas por esa miss pulcra y formal y derecha como un huso, es un título de Castilla.

Celebra esta coyuntura de haber conocido a usted, y se ofrece de usted con especial consideración afectísima y segura servidora,

Q.B.S.M.,

Emilia Pardo Bazán
La Coruña, 12 de abril de 1883.

Carta literaria

Excelentísimo Señor Don Víctor Balaguer, de la Academia Española

[...]

Urge enhestar la enseña del espíritu en el campo del arte, ya que tan cerca sentimos el rumor de nueva avenida devastadora, que amenaza ahogar las almas y esterilizar el sentimiento, a nombre de presuntuosas vanidades y de filosofías desoladoras. A la barbarie que mataba el cuerpo se sustituye la barbarie que mata el espíritu. Ya no se suprimen naciones en el mapa, pero se suprimen ideales en la conciencia. La guerra es contra el espíritu. Ya hay pueblos vencidos y muertos. Andan —como autómatas— pero llevan en el pecho enflaquecido, a manera de sepulcro cerrado, el cadáver del alma, las cenizas de todas las esperanzas y de todas las consoladoras creencias de la humanidad. Por eso caen si tropiezan, y desertan de la vida si padecen, y son esclavizados si luchan. Por eso vemos allí el arte, espejo del mundo interior, manifestación visible de los estados del alma humana, caer en decadencia vergonzosa después de tan espléndidos reinados; insustancial y desaborido a veces, que es su mejor parte, ya que solo sale de ese letargo para levantar sediciones contra la razón y el pudor y aderezar con el prestigio de sus encantos el aleve engaño de las teorías proditorias. Así actúa en las tablas, como en el caballete y el escritorio, como en la estatuaria y en la música. La razón está en la mano: todos los ideales han muerto, y la idealidad es la atmósfera del arte.

Ahora resulta que Dios no ha hecho nada. Todo eran historias falsas. Había habido una intriga, al parecer muy bien tramada, entre la religión, el sentido común, el sentimiento humano, la tradición y otros tantos conspiradores solapados, para quitarles sus glorias a las fuerzas de la materia, y su venerable paternidad al mono, con el fin de atribuírselas a no sé que ser fantástico y absurdo que ha vivido exasperándonos con la perfecta santidad que se le atribuye, y humillándonos con un amor y una misericordia que ya no se podían soportar. Al fin (nada hay oculto en este mundo), unos sabios que han trabajado mucho han descubierto el fraude, y expulsando de la filosofía, en merecida pena, a aquellos susodichos conspiradores, han estatuido el reinado de la razón pura, haciendo la paz de Varsovia en el corazón humano.

150

Las consecuencias ahí están, como que son lógicas e infalibles. Todo bello ideal ha quedado suprimido: en la forma, en los sentimientos, en el espíritu. Vacío el cielo, ha quedado desierta la fantasía. El supremo tipo de la belleza formal es la agreste campesina, de cabeza cubierta con pañuelo, o la traviata descubierta, de piernas flacas y desvencijadas caderas. ¿Quién no se ríe hoy de la invención de los ángeles, de los resplandores de la gloria, del puro contorno de las madonnas, de las perfecciones de la estatuaria griega, cuando todo eso es mentira, delirio, preocupaciones, antítesis de lo positivo, de lo real, de la única verdad, que son las fuerzas de la materia? Y en otro orden, o en el mismo, ¿qué significación que no sea absurda, qué papel que no sea risible puede hacer hoy el sacrificio, la abnegación, la virtud heroica, el amor que mata, la nobleza que perdona, la fe que sublima, si todo eso supone los ojos del alma clavados en el cielo, y la esperanza puesta en inefables, altísimas y misteriosas compensaciones? Ya ninguna de esas debilidades es digna del hombre. Los sabios bienhechores le han quitado al mundo esa venda de los ojos. El cielo, después de tantas transformaciones como ha tenido en la serie de los siglos, ha hecho el gran progreso de volver a ser la palabra primitiva, el koilon griego, hueco, vacío. En la misma manera que el hombre ha vuelto honradamente a la condición de su origen: mono.

¡Qué tontos éramos antes, don Víctor!, ¿no es cierto? Hasta a la mujer la creíamos digna del respeto humano. Como madre, era divinidad en nuestro hogar. ¡Que dulce nos parecía reposar en sus rodillas y sentir su mano de seda jugueteando en nuestros cabellos! ¡Cómo corríamos enajenados a abrazarla cuando una hora de ausencia, que había sido eterna, nos llenaba el alma de congojas y los ojos de lágrimas! ¿Cómo dormir sin aquella bendición celestial, glosada con besos y caricias? Y aquel día horrible del último y perdurable dolor... ¡qué necia lágrima me enturbia la vista! No haga usted caso; son resabios antiguos. Como esposa, la llamábamos ángel del hogar, y llegamos hasta a creer (¡lo que es la ignorancia!) que ser madre de nuestros hijos la hacía santa, que ser el báculo de nuestra vida la hacía adorable, y que amar mucho y padecer mucho le daban derecho a mucho perdón.

Ahora ya sabemos lo que debemos hacer; al verla pasar, gritamos: ¡mátala! (tue-la!), y quedamos libres de esa complicación de la Naturaleza. Cogerla un día cualquiera de la mano y tirarla a la calle, es bueno también; pero el primer procedimiento es más eficaz.

He aquí, pues, el campo preferido de la escena actual: el asesinato de la mujer. El caballete produce grupos de frutas y botellas de vino, o coloquios de borrachos en la taberna: la novela se expande en ramerías: la música se ha convertido en matemáticas; sus períodos se modelan por las ecuaciones, y a fuerza de cobres y de percusión, de cálculo perseverante y laboriosidad sin ejemplo para crear selvas de sonidos entretejidas con interminable bejuco de disonancias, se da hoy a luz bajo todas las formas del estertor, sin saber acaso que así es la más fiel reproducción del enmarañado criterio de la época, de la anarquía de las inteligencias, de la sequedad del corazón, del descuaderna-miento de las costumbres y de las ideas.

Las inspiraciones de Rafael y de Murillo, sus ángeles pensativos a fuerza de virtud; el pudor sobre la vida, como en Virginia; la fe sobre el amor y la felicidad, como en *Atala*; el deber inmolando las entrañas, como en Guzmán el Bueno; el amor inmortalizando a Teruel y el Paracleto, y disipando con su luz divina las espesas tinieblas de envejecidos odios en Verona; aquel dolor infinito de alma desterrada que gemía en Beethoven y entreveía su cielo en los misteriosos presentimientos de la esperanza; la angélica melodía de Bellini, hilo de oro que suspende el corazón humano hasta las inefables claridades de la felicidad celestial, ¿para qué queremos nada de eso ahora? ¿Ni cómo se producirían hoy, cuando ya sabemos que todas las puerilidades que las engendraron son no más que sueños, ignorancias y pobreza de espíritu?...

Feliz, feliz hasta ahora la literatura de la gran lengua castellana, el lienzo de nuestros pintores, el pentagrama de nuestros músicos, el arte español en general, que encerrado a su vez, al parecer, en esa eterna arca que bota siempre al agua la Providencia en la hora de todos los diluvios y de todas las catástrofes para salvar la civilización del mundo y los eternos destinos de la humanidad, apenas ha sentido llegar hasta él las amargas salpicaduras del oleaje irritado, y el estremecimiento con que, por ley de solidaridad, lo sacuden las funestas erupciones cuyos rugidos nos aturden, y cuyos oscuros penachos de humo ennegrecen los cielos del espíritu donde guarda el alma, como en santuario inviolable, los queridos ideales que la inundan de las más puras alegrías y le dan fianza suprema de su vida inmortal.

152

Pero no hay que dormir sobre esas flores. El rumor se acerca. Ya siente en la mejilla el calor del incendio. ¡Alerta todos! Nuevo Lepanto debe a la humanidad la raza española. Si allí salvó a la cruz, salve aquí al alma. Si allí contuvo a la media Luna con el relámpago de sus cañones, disipe aquí las tinieblas espesas del materialismo envilecedor, que van cayendo como pavorosa noche sobre la inteligencia, el corazón y la sensibilidad del género humano, con los resplandores de su tradicional espiritualidad, con la idealización de sus eternas creencias, con los dulcísimos sueños de su lujuriante fantasía, siempre fecundada por la belleza de la verdad, por la ternura del sentimiento íntimo, por aquellos supremos ideales del hogar bendito, de la patria incondicionalmente adorada y del infinito misterioso, cuyas profundidades sondea con insaciables aspiraciones, y cuyos secretos reverencia con noble y santísimo temor.

Excelso destino el de salvar siempre. No se puede renunciar.

No se desoiga la débil voz del grumete que anuncia desde el tope la bandera negra del pirata.

Venga, venga la brillante legión, gloria de los dos hemisferios. No han muerto los Luises, los Garcilasos, los Herreras, los Juan de la Cruz, los Calderones, los Murillos, los Velázquez, los Donosos. Vivos están sus genios en flamantes y hermosas encarnaciones: Cheste, el trovador épico, con la ferrada armadura del Orlando, que tan bien sienta a su pecho de caballero; Cánovas, con su culto a todo lo respetable, con su amor a todo lo grande, con su lira de poeta, su pluma de historiador y su elocuencia de trueno; Núñez de Arce, que siente como ángel y escribe con pluma de cisne y tinta de aurora; los Guerra y Orbe, que serían los Argensolas si no fueran más dulces, o los Moratines si no fueran más sabios; Castelar, el gigante de *La Tribuna*, el opresor de todas las sensibilidades, el déspota de todos los auditorios, que encanta o aterra, levanta o derriba, entusiasma o deprime, según sea en perlas, en huracán, en manojos de luz, en lava hirviente, en notas de ruiseñor o en rugidos de león que conviertan sus labios la palabra que viene del rico fondo de su alma; Campoamor, el poeta filósofo cuya fantasía vuela por los espacios del sentimiento con las alas irisadas del colibrí, y cuya poesía penetra el corazón como penetra el rayo de luz a través de las linfas cristalinas; Cañete, el de la cítara clásica, el de la crítica educadora, el que enseña si habla, y leyendo deleita; Tamayo, el Esquilo español, el de la gran gloria y el punible silencio; Alarcón, el poeta cristiano, el hablista puro, el fecundísimo novelador, que ha tomado a su cargo inocular en los hogares las austeras virtudes del alma y las santas obligaciones del bien, con la miel de su estilo seductor y el palpitante interés de sus creaciones originales; Valera, escritor eximio, pluma que destila luz y dibuja elegancias; Rodríguez Rubí, dominador de la escena, creador singular, astro nunca puesto en el cielo de las glorias dramáticas de España; Arnao, alma de artista enamorada de la armonía, alondra que se goza en la luz y cuyo canto embalsama el ambiente como flor de primavera oriental; Menéndez Pelayo, el milagro que pasma, el prodigio que fascina con el primor de su ciencia universal y con aquel cerebro codicioso que se ha absorbido todas las facultades y aptitudes que la Naturaleza distribuye con equidad entre los hombres; Molins, el poeta caballero y escritor amenísimo, el opulento de fama, que reparte generosas glorificaciones a todos los ingenios de la patria; Zorrilla, la celebridad de siempre, el fundador de una época literaria, el cantor de María, el autor del Cristo de la Vega; Echegaray, cerebro-volcán donde se elaboran terrores y agonías bajo florido césped de encantadora versificación; Mir, castizo como Santa Teresa, profundo y claro como los mares meridionales de la América; y la palabra poderosa de Pidal y de Romero Robledo, y el saber de Cueto, de Pascual y de Saavedra; y la pluma fecunda de Casa-Valencia, de Pi y Margall, de Castro y Serrano, de Fernández, de Nocedal, de Galindo, de Barrantes, de Silvela, de Benavides, de Catalina, de Tejada y de Madrazo; y Velarde, Grilo, los dos Palacios, el duque de Rivas, García Gutiérrez, Villahermosa, Fernández Shaw, y cien más, con los variados tonos de su deleitoso canto poético; y Casado y Pradilla, cuya rica paleta inmortaliza las glorias de la patria y eterniza en el lienzo los sublimes ideales de nuestra raza espiritual; y Arrieta, Barbieri, Caballero, Chapí, Rubio, sacerdotes consagrados de la armonía, que guardan en cláusulas de melódico cristal, no empañado por las nebulosidades de una estética prevaricadora, los inocentes y sentidos cantares del pueblo ingenuo y leal que amó siempre a su Dios, que adoró a la mujer, que suspiró por la patria y comprendió y gozó y bendijo las bellezas de la Naturaleza y el esplendor de los cielos.

Prestas tiene América sus legiones de grandes poetas, de oradores, escritores y filósofos: todas ellas en lid por la salvación de los queridos y eternos ideales de la humanidad. Pueblos en el abril de la vida, todo es allí luz de mañanas, perfume de primavera, brillo de nuevas flores, inocencia de costumbres, fe de infancia, ingenuidad y entusiasmo de amor primero. Huye el cárabo de la aurora, no roe la carcoma el tallo nuevo.

Salve la raza española el arte humano. Italia, poderosa aliada, concurre a la lid con su eterna idealidad, con su inagotable inspiración, con la tradición inolvidable de sus portentos, que han sido la delicia del mundo.

La victoria es segura, pero es preciso empeñar la batalla...

Mas ¿qué he hecho, amigo mío? Ahora necesito de su perdón. Sin consideración a usted he dejado que la pluma se me caliente en la mano y alargue en su movimiento convulsivo los renglones de esta carta, prolongándole a usted el fastidio. Es que me place tanto conversar con usted, que a eso solo atiendo. Acaso cuanto dejo dicho no son más que delirios y fantasmas de la imaginación. Pues tiene un remedio, olvidarlo. Solo me interesa que conserve en la memoria el primer renglón y este último en que le repito que soy su amigo y admirador de corazón.

Eduardo Calcaño

Bandera negra

Excmo. señor don Víctor Balaguer, de la Academia Española

Ilustre amigo, que jamás ha de ser compañero mío, por lo menos en la Academia: Presumo no llevará usted a mal mi inmixtión en el asunto de la Carta literaria que desde las columnas de La Ilustración le endereza el señor Calcaño. Ignoro si piensa usted responder a su interlocutor en letras de molde; pero le juzgo sobrado galante para no cederme el turno gustosísimo.

Ante todo, es razón que yo explique por qué me he tomado vela en este entierro —y valga la metáfora, pues algo de fúnebre salmodia tiene la Carta del señor Calcaño, como ella sola triste y sepulcral—. Aunque dirigida a usted, la Carta se da al público, y toda vez que formo parte de tan respetable colectividad, me asiste derecho para juzgar ese documento literario. Otros motivillos pudiera alegar, mas ya irán saliendo en la colada, o los traslucirá el discreto leyente.

A fin de que me entiendan los que no conozcan la Carta, la resumiré en pocas frases: Puede dividirse, como los sermones, en tres puntos: primero, un elogio de sus lindas poesías de usted; segundo, una larga lamentación sobre los tiempos azarosos que corremos, y la muerte del alma y del bello ideal, lamentación terminada por el anuncio medroso de que ya asoma el pirata y su bandera negra; tercero, un llamamiento a las personas que han de salvar de semejante peligro a la literatura y al mundo, y lista de sus nombres.

No nos atropellemos y vamos por partes, que decía un confesor calmoso a una penitente apresurada. Con el encomio de sus versos de usted, excuso aseverar que estoy conforme. Los he saboreado, los encuentro gentiles y deliciosos, y abona mi sinceridad el haberle escrito a usted esto mismo en carta particular, mucho tiempo hace, cuando usted tuvo la atención de remitírmelos, y yo la fortuna de trabar conocimiento con tan galano poeta y caballero tan cumplido. Donde tropiezo es en la segunda y tercera parte de la Carta, lo sustancial; pues los justos loores que a usted tributa el señor Calcaño son a modo de preludio o sinfonía, sin gran conexión con el resto de la partitura.

Francamente, señor don Víctor: como si nadie nos oyese y departiésemos en apacible diálogo, yo atizando la chimenea, usted consumiendo uno de esos habanos exquisitos que acostumbra fumar: ¿cree usted que se realizarán los fatídicos vaticinios del señor Calcaño? ¿Estaremos a dos dedos de las tremendas catástrofes que augura? Acá para inter nos, ¿no habrá su poquillo de exageración americana? Porque si se toma al pie de la letra, es cosa de sentir escalofríos.

Después de pintar un cuadro que ni el del Hambre o el de los Fusilamientos de la Moncloa, afirmando que ha quedado suprimido todo bello ideal en la forma, en los sentimientos, en el espíritu, el autor de la Carta se sube al tope, y desde allí, convertido en grumete, avisa a la tripulación que ya asoma en el horizonte la bandera negra del pirata. La lista de tripulantes viene después y es sobrado numerosa y completa para que los nombres en ella omitidos no lo sean con estudiada exclusión, en concepto de piratas. ¡Guay de los que no figuran en el listín! ¡Me los represento mirándose con pavor en la clara Luna del *armoire-glace*, y soñando que ciñe su sien turbante turco, y pende de su cintura corvo yatagán, y están sus manos teñidas de inocente sangre, y gime a sus pies alguna doncella, robada para el harem del gran señor!

Y dígame usted por su vida, amigo Balaguer: ¿cómo el señor Calcaño, que nombra a los tripulantes, no nombra también a los piratas? A fe que me gustan las cosas claras y sin rodeos, y que agradecería mucho, no solo el inventario de los piratas, sino el de sus hazañas piratescas. Tengo entre ceja y ceja que la Carta dirigida a usted, es buenamente una de tantas invectivas contra el realismo y naturalismo literario; solo que la pulcritud del autor llega al extremo de no nombrar siquiera a su malandrín enemigo, valiéndose de mil perífrasis antes que pronunciar la frase impura.

Si no se refiere a las nuevas tendencias literarias, ¿a qué alude entonces el señor Calcaño? Me es imposible presumirlo. Evidentemente no se trata ni de la indiferencia e impiedad en materias religiosas, ni de las alteraciones políticas propias de nuestra época; si de esto se tratase, no llamaría el señor Calcaño en su socorro, para exterminio de piratas, a poetas, oradores, pensadores y dramaturgos como Núñez de Arce, Castelar, Pi y Margall y Echegaray, que no pecan de ortodoxos ni de reaccionarios, y unos más y otros menos, profesan todos aquel culto de la razón pura que horroriza al autor de la Carta. El título de literaria mueve a presumir que sus diatribas son puramente literarias también, y solo, pueden aplicarse al realismo y naturalismo, insurrección, mano sucia, peste y piratería que ha heredado culpas imputadas al can-can y a los bufos allá por los años de 1869 y 1870.

A bien que el realismo tiene anchas espaldas, y si el día menos pensado le atri-
buyen la sequía o la pérdida de la cosecha en Jerez, capaz será de quedarse
tan fresco. Por ahora se reducen sus crímenes —ahí es un grano de anís— a
causar la muerte de los ideales en la conciencia, suprimir a Dios, dejar vacío
el cielo y la fantasía desierta, y restituir al mono su venerable paternidad. (Y
dicho sea entre paréntesis, se abusa algo del mono desde que Núñez de Arce
publicó una oda bellísima.) ¿Le parece a usted poco, amigo don Víctor, lo que
el realismo lleva ya arrasado? Todavía cometió iniquidades mayores; logró
que nadie crea digna a la mujer del respeto humano, y que la última consigna
sea matarla, para librarse de semejante complicación de la Naturaleza: a lo
cual hay que añadir que la novela se expande en ramerías, y la música se ha
convertido en matemáticas, y las demás artes no lo pasarán mucho mejor, y
puede que hasta en la Alcarria se les olvide a las abejas el modo de labrar
sus panales.

Pregunto yo: ¿qué significa escribir lo que nadie cree, ni aun el mismo que lo
estampa? ¿Pensará de veras el señor Calcaño que ya no se respeta a la mujer,
ni ésta diviniza el hogar como madre, ni la lloran sus hijos cuando expira, y
que tan extraños fenómenos son debidos al materialismo y a la muerte del
ideal, y ésta al advenimiento de la nueva era literaria? Un adarme de sentido
común basta para comprender que tales cosas se dicen sin convicción, por
pura exigencia retórica, por afán de generalizar y extender lo que debiera
concretarse siempre a su terreno propio. Pues qué, el amor de la madre y de
la esposa, los vínculos del hogar y de la familia, ¿acaso no tienen hondas raíces en lo más íntimo del alma del hombre? ¿Bastará para atrancarlas un aura
literaria cualquiera? Por otra parte, ¿dónde existe ese conjunto de libros con
tendencia a desarraigar el amor conyugal, filial, etcétera? Cabalmente hoy la
literatura propende a rehabilitar y estimar los afectos legítimos de la familia,
proscribiendo los extralegales.

Asegura el señor Calcaño, entre otras cosas, que el campo preferido de la
escena actual es el asesinato de la mujer. ¿Habrá olvidado el distinguido
académico los argumentos de muchos dramas del teatro antiguo? ¿Parécele
arrope y mieles lo de sangrar el marido a su consorte, o ahogarla, o pasarla a
cuchillo por un quítame allá esas pajas, por una sospecha? No exclamarían los
autores de entonces *tue-la*, como Alejandro Dumas; pero, sin decirlo, sabían

ejecutarlo a maravilla, y la musa coronaba, con universal aplauso, al honrado matador.

Me saca de tino la reiterada comparación de la antigua literatura con la moderna, declarando a aquélla ejemplar en su moralidad y a ésta depravada y corruptora. La hidra de las vulgaridades vive por más que la descabecen; inútil fue que Valera, con su ático ingenio, refutase la preocupación de ofrecer al presente por modelo el pasado; aún nos quedan muchos años de oír que nuestros padres y abuelos escribieron más honestamente que nosotros.

A caberme alguna duda de si los poco certeros disparos de la Carta van contra el realismo, la disiparía el listín de tripulantes que contiene. Voy a reproducir aquí el catálogo, respetando el orden en que se encuentra: Cheste, Cánovas, Núñez de Arce, los Guerra y Orbe, Castelar, Campoamor, Cañete, Tamayo, Alarcón, Valera, Rodríguez Rubí, Arnao, Menéndez y Pelayo, Molins, Zorrilla, Echegaray, Mir, Pidal, Romero Robledo, Cueto, Pascual, Saavedra, Casa Valencia, Pi y Margall, Castro y Serrano, Fernández (imagino que convendrá suplir y González), Nocedal, Galindo, Barrantes, Silvela, Benavides, Catalina, Tejado, Madrazo, Velarde, Grilo, los dos Palacios, el duque de Rivas (hijo), García Gutiérrez, Villahermosa y Fernández Shaw. En esta lista, donde se citan apellidos muy ilustres y leo con íntimo placer el de algún caro amigo mío, hay espacios en blanco, puestos vacíos, que, como los de la sala del palacio ducal en Venecia, indican el sitio que debió ocupar el nombre del traidor (proditor, diría el señor Calcaño), del pirata en suma. Ayúdeme usted, amigo don Víctor, a llenar esos huecos.

¿No es verdad que usted conoce a un tal Pérez Galdós, que habrá escrito la friolera de cuarenta novelas a cual más notable, más resplandeciente de genio, más rica y primorosa, contándose entre ellas el épico trabajo de los *Episodios*? Ea, a la lista con ese pirata. ¿Y recuerda usted a Pereda, un montañés muy ducho, que también urde novelas frescas como flores, sanas como la leche recién ordeñada, netas como la plata virgen? Otro pirata tenemos. ¿Ha oído usted algo de Armando Palacio Valdés, que no hace mucho dio a luz una Marta y María llena de esperanzas felices y de hermosas realidades, y de Ortega Munilla, que rindió ya abundante y sazonado fruto novelesco? No se queden en el tintero estos dos piratas jóvenes, y añádeles otro par de piratazos dramaturgos, Sellés y Cano, y un piratilla autor cómico, Ceferino Palencia.

Sobre si los últimos piratas citados son o no son realistas, habría mucho que discutir; pero el señor Calcaño los juzga tales, de fijo, cuando los suprime. Ya reunimos siete piratas, y no sería difícil llegar a ocho. Yo, reclamaría de buen grado el noveno lugar, que me vendría como un guante, si no pareciese inmodestia; y, pensándolo bien, comprendo que la modestia nada tiene que ver en el asunto, pues lo que solicito no es un eminente puesto literario, sino una patente de corso realista, que ya mil veces me ha otorgado la crítica, no siempre con caritativa intención. Apúnteme usted en el número nueve, y no se hable más del caso.

¡Qué bien me encuentro rodeada de piratas desalmados y paganos furibundos! Alcemos la bandera negra y aferrémosla con denuedo, no nos la arranque de las manos el vendaval de la indignación facticia. Esa bandera es nuestra gloria, es el paño en que nos envolverán al morir. ¿Hay algo escrito en esa bandera que no conste en los anales de nuestra vieja literatura patria o no forme parte de las legítimas aspiraciones de la actual?

Mucho sorprendería al señor Calcaño saber que entre sus tripulantes no falta quien piratee. Menéndez y Pelayo apresa navíos; Campoamor arma en corso, y Núñez de Arce, a pretexto de pesca, da bordadas sospechosas. Por si acaso estas maniobras no han sido observadas, callemos y aguardemos a que sus proezas los delaten.

Quizá deseará usted saber, amigo y señor, por qué razón especial, entre los muchos proyectiles que diariamente llueven sobre la escuela realista, solo se me ocurre presentar el escudo al ver venir el del señor Calcaño, tal vez uno de los más inofensivos. Hace pocos días, el elegante escritor señor Luis Alfonso dirigió al señor Ortega Munilla un artículo discutiendo las novelas al uso, donde me nombraba varias veces, y del cual, al parecer, debí hacerme cargo con preferencia. ¿Qué quiere usted que le diga? Precisamente me excitaron al combate las reticencias, las vaguedades, los misterios pavorosos, las citas y las omisiones de la Carta literaria; me propuse despejar la incógnita y averiguar si en América el realismo es el coco, según parece desprenderse de las nebulosas cláusulas del señor Calcaño.

Miedo me da pensar lo que este señor va a enojarse conmigo: asegúrele usted que no fue mi ánimo disgustarle, y solo quisiera persuadirle de que a veces es cosa buena la piratería.

Saluda a usted cariñosamente su antigua amiga.

La Coruña, marzo 6 de 1884.

Cartas, son cartas

Al excmo. señor don Eduardo Calcaño
Fuencarral, 55, pral.
INTERIOR

Mi querido amigo: Entre las reformas postales de que necesita en España la Dirección de Comunicaciones —adonde ya desde antiguo llueven reclamaciones y granizan quejas— nadie hubiera imaginado que había de incluirse la que ahora hemos acometido los escritores. Esta innovación es la de contestar uno las cartas dirigidas a otro. Así, usted, por ejemplo, puso en la estafeta de *La Ilustración Española y Americana*, una epístola para don Víctor Balaguer, y antes de que éste le acusara recibo de ella, le escribió al mismo, para replicarle a usted, doña Emilia Pardo Bazán, valiéndose de *La Época*, en cuyas oficinas se han dado siempre curso a sus correspondencias; dedícame Ortega Munilla, por medio de la cartería de *El Imparcial*, una misiva por extremo halagadora, y cátate que deposita López Bago en el buzón de El Progreso una contestación a Ortega Munilla, que participa de esquela enderezada a mí.

¿Será maravilla que, animado por tales ejemplos, ponga yo otra carta en este juego y me anticipe a contrarreplicar a la señora Pardo Bazán, en nuevo ejemplar epistolario dirigido a usted?

Yo al menos —y excuse esta declaración mi osadía— consulté a usted por el correo privado de mi sirviente, antes de escribirle por el correo público del periódico, y autorizado por usted pongo manos a la obra.

Decíame usted en sus afectuosas líneas —y creo del caso repetirlo— que desde el punto y hora en que usted estampó estas frases «Feliz, feliz hasta ahora la literatura de la gran lengua castellana, el arte español en general... que apenas ha sentido llegar hasta él las amargas salpicaduras del oleaje irritado» (aludía usted a la inundación o diluvio naturalista); desde ese punto, «nadie tiene derecho para atribuirme ataques a ningún escritor, y el suscitarme el encono de algunas personalidades y azuzarme rabias ajenas, carece de probidad literaria».

Aquí he de permitirme manifestar a usted, mi distinguido amigo, que se engaña. La proclama incendiaria que desde La Coruña ha enviado la señora Pardo Bazán, no ha de amotinar contra usted las turbas naturalistas, ni ha de lograr que esos bizarros piratas de la epístola asalten fieramente al abordaje la capitana de usted en primer lugar, porque si en las costas cantábricas no saben a punto cierto lo que usted es y vale, en los círculos matritenses se le estima en todo su valer, y en segundo lugar, por la razón concluyente, que luego analizaré, de que no hay tales piratas.

Pero vengamos al caso, que no es otro sino explicar por qué le escribo a usted y de qué voy a escribirle. Le escribo a usted porque considero que las chanzonetas y pullas de la señora Pardo Bazán no deben pasar sin correctivo, y como a usted no le están bien tales escarceos y considera más prudente y digno responder con el silencio, acudo a echármela de Quijote para desfacer agravios que no son míos.

Verdad es que, en puridad no son ajenos, porque habiéndole yo declarado la guerra al naturalismo, como secta, y rotas las hostilidades en mis campañas críticas de *La Época* y en el singular combate que contra bizarro paladín he librado en *El Imparcial*, el tiro asestado contra usted me hiere de rebote y acudo al reparo.

Además, como en *El Imparcial* se ha dado ya, según parece, por terminada la polémica, satisfago así la comezón que me atormenta de no dejar transcurrir largo plazo sin disparar mi honda contra el Goliath del naturalismo. Con esto, al explicar el porqué le escribo esta carta, explico también lo que voy a tratar en ella.

No deben pasar sin correctivo —decía— las pullas y chanzonetas de la señora Pardo Bazán. Pido a la escritora y a la dama que me perdonen si de corregir me atrevo a hablar tratándose de escritos suyos; pero debe de ser sin duda, que acostumbrado durante algunos meses del año anterior a corregir las pruebas de aquellos admirables y admirados artículos de *La cuestión palpitante*, heme creído en igual caso, y he tomado irreverentemente la carta de dicha señora por una prueba —que lo es, en efecto, de apasionamiento y sinrazón.

Es para mí indudable, amigo y señor de Calcaño, que doña Emilia Pardo Bazán desconoce las cualidades que a usted realzan; ¿cómo, si no, se explica que con tal desenfado y tamaña ligereza de lenguaje se encare con el ministro, con el diplomático y con el académico; con el periodista renombrado, el músico de lozana inspiración, el poeta galano y el docto varón, en suma, que sin haber salido de los años creadores y viriles ha entrado ya en la edad de los respetos?

Seguramente desconoce estas prendas; que es harto sagaz e inteligente la escritora y harto cumplida la dama para, conociéndolas, arrojarse a hablar de usted como de un escritorzuelo novel, lleno de humos y fantasías, a quien conviene administrar una reprimenda para que «no lo haga más».

Yo, a mi vez, debo advertir, para que usted —falto quizá de otros datos que la carta a nuestro ilustre amigo el señor Balaguer— no caiga en la tentación de juzgar desfavorablemente a la señora Pardo Bazán, que esta señora no es tan solo una hablista tan notable como la carta misma revela, y de un ingenio tan vivo y punzante como allí también se adivina, sino maestra en estudios históricos, como lo demuestra su obra San Francisco de Asís; entendida en filosofía y ciencias, como lo afirma su Estudio sobre el darwinismo; novelista de tantos bríos como acredita Un viaje de novios; escritora crítica de tanto alcance como La cuestión palpitante denota, y poetisa de tan dulce canto y correcta forma como el librito Jaime lo declara.

Pero la señora Pardo Bazán ha dado en la manía de considerar al naturalismo como la Biblia literaria de nuestra época, y para ponerlo más a la luz se empeña en dejar a la sombra otras escuelas. No es por lo tanto, sorprendente, ni debe considerarlo usted ofensivo, el que tan cavalièrement lo trate, cuando trata (en su citado libro La cuestión palpitante) a Foe, de autor propio para los niños; a Goldsmith, meramente de patriarcalista; a Walter Scott, de «bardo que vive en un pasado teñido de luz y color... demandando tan solo a la realidad aquel barniz brillante, nombrado por los románticos color local» (sin que nada más diga sobre el autor de Waverley); no menciona siquiera a Bernardin de Saint Pierre; dice de Lamartine y Chateaubriand que sus novelas están ya marchitas, y califica a Alejandro Dumas (padre) de ingenio mediocre. Además, mientras solo algunos párrafos dedica a estos dioses del Olimpo literario, dedica tres completos capítulos a Zola.

Ya ve usted, amigo Calcaño, que no es de hoy el proceder apasionado e injusto de la señora Pardo Bazán, y que puesto usted junto a los que ella califica de vencidos (los vencedores son, por supuesto, los naturalistas), no está usted en tan mala compañía. Bien puede usted soportar con paciencia, al lado del «mediocre» Dumas o del «marchito» Lamartine, el vencimiento y humillación a que la escritora aludida le condena.

Pero veamos, en sustancia, por qué doña Emilia enristra contra usted su pluma, como su lanza la Bradamanta de Ariosto, y le acomete con tanta furia que, pareciéndole poco la lanza y la espada de la polémica, desenvaina el puñal buido del sarcasmo.

Pues todo ello lo motiva el que usted se plañe, y con razón o fe, de que el materialismo invade como horda bárbara los apacibles campos del espíritu, y así tala y destroza en literatura como en arte, de tal suerte, que bien pudiéramos enmendar la frase de Atila, diciendo que donde sienta su casco el caballo del materialismo, ya no torna a crecer la poesía.

Usted expresa esos temores con la vehemencia y la exuberancia de lenguaje propios de su sangre americana, y no negaré yo que haya en la forma su tantico de exageración. Cuanto al fondo estoy conforme de toda conformidad, y no hay duda que Francia que, como recuerda la señora Pardo Bazán, aunque a otro propósito, nos regaló años atrás el can-can y los bufos, hoy nos regala el naturalismo en letras y el realismo en artes —dos personas distintas y un solo diablo verdadero.

Mi amiga Emilia considera que esos acentos doloridos con que usted señala los estragos que en la fe, el sentimiento y la belleza produce el materialismo, que ese noble arranque con que llama usted a la defensa brillantísima falange de paladines del ideal, son tema adecuado para burla y chacota, y en este sentido apura el ingenio y el chiste, aunque no la lógica y el raciocinio, jugando con las frases y conceptos de usted como si fueran desvaríos de loco o simplezas de mentecato.

La carta ha sido juzgada severamente, amigo mío, no solo entre los muchos y buenos que usted tiene, sino también entre los mismos adeptos de la flamante secta. Porque podían éstos discrepar en sus juicios de usted, pero como entre el mismo elemento joven y maleante del Ateneo se dice, no era ese el modo y estilo de exponer la discrepancia.

Los únicos, absolutamente los únicos argumentos que opone a la carta de usted la de doña Emilia Pardo Bazán son dos: uno que consiste en afirmar que teniendo el amor de madre y de esposa, los vínculos del hogar y la familia, hondas raíces, no puede arrancarlos un aura literaria cualquiera; el otro argumento estriba en recordar que no es de hoy el matar en literatura a una mujer por cualquier punto de honra.

Al primer argumento la misma, la mismísima argumentante, sirve de contra-prueba. Seguro estoy, amigo don Eduardo, de que usted se habrá dicho allá para sus adentros que muy cerca debe de andar el contagio, y muy cargada ya la atmósfera de miasmas morbosos cuando una mujer, una dama como la señora Pardo Bazán —criada en aristocráticos pañales, educada con exquisito esmero, nutrida en sanas máximas, de tan exagerado espíritu religioso que es fama se significó como ferviente amiga del absolutismo, y a mayor abunda-miento esposa y madre, reina en el salón y en el hogar—; cuando una señora, en fin, de tales prendas, se burla de los que muestran celo exquisito en pro de la fe y la virtud, usa de la mayor desenvoltura retórica para juzgar, lo mismo a usted que a los que se han conquistado nombre eterno al cantar en su lira los más notables ideales; se complace en salpicar sus escritos literarios de palabras de baja estofa y en exponer (sin duda como ofrenda a su penate Zola) algunos pormenores de un tratado de obstetricia al final de su novela más reciente.

Si mujer tan discreta y noble, prevarica de tal suerte, infringiendo en literatura las leyes a que hasta ahora las almas femeninas delicadas, escritoras o no, han obedecido, ¿cuánto no es de temer que las mujeres vulgares, indoctas y arrebatadas, vayan más allá y lleguen a la pornografía en literatura y al amor libre en las costumbres?

Tocante a que en el teatro antiguo se mataba por un quítame allá esas pajas a la esposa, está en lo cierto la señora Pardo Bazán, así como lo es que usted, mi querido amigo, se ha dejado llevar de su fantasía con exceso. Con harta más razón mata a la adúltera de hecho el marido de *El nudo gordiano*, que no don Gutierre a la adúltera de pensamiento en el *Médico de su honra*. La señora Pardo Bazán argumenta bien en esto, y yo, amigo Calcaño, he de reco-nocerlo así; pero si desde el siglo XVI acá no hemos adelantado otra cosa, y si todas las filosofías materialistas de Hartman o Buchner y todas las filosofías experimentales de Bernard, con el flamante y conquistador naturalismo por añadidura, no han logrado más moralización y mejoramiento que dejar a la esposa como antes y decir al esposo: «si te vende, mátala» dígole a usted que para tal viaje no necesitamos alforjas, ni valía la pena de vocear tanto que bajo las crudezas naturalistas, está muy bien cocida la lección moral.

La señora Pardo Bazán da gentil prueba de donaire apoderándose del símil que usted emplea, al anunciar la bandera negra del pirata, y deja que con aquel retoce a su sabor la pluma; pero claudica cuando tratando de contrarrestar las afirmaciones de usted, para poner enfrente de la formidable y lucidísima hueste de ingenios que usted cita, despliega también sus fuerzas y presenta en línea de batalla, como mesnaderos del naturalismo a Pérez Galdós, Pereda, Palacio Valdés, Ortega Munilla, Sellés, Cano y Palencia.

Bien sé que mi ilustre amiga va a increparme duramente, diciendo que desempeño el ruin oficio de proteger desertores y delatar conjurados, y milagro será que no me trate como a un Siffler de sus ejércitos; pero dispuesto estoy a sufrir la rociada antes que a callar y dejar que pasen plaza de rebeldes los leales.

Sí, Pérez Galdós profesa de naturalista; pero es lo cierto, y esto no puede negarlo la señora Pardo Bazán, que los *Episodios nacionales*, *Doña Perfecta*, *Gloria* y *La familia de León Roch*, es decir, la flor y nata de sus novelas, las escribió cuando todavía no se hablaba de naturalismo, ni pensaba en él nadie en España.

A Pereda, cristiano viejo y rancio creyente; a Pereda, chapado a la antigua y enemigo mortal del progreso y los progresistas, ¿pretende la señora Pardo Bazán alistarlo en las filas de los Flaubert, los Goncourt y los Zola, adeptos de la escuela positivista, tocados de escepticismo, y cuya morbosa literatura tanto discrepa de la robusta, sana y ferviente del castizo y gallardo montañés? De Palacio Valdés, puedo decir a usted que a no haber cambiado de parecer de algunos días a esta parte, no pretende usar el apellido de naturalista; Ortega Munilla una sola novela de este género emprendió, *El fondo del tonel*, y no le dio remate, lo cual le alabo yo y le alabamos todos; a Sellés, ya sabe usted y sabe doña Emilia, lo que le ha resultado su intento de naturalismo teatral; a Cano se le podrá llamar melodramático, efectista, maestro en impresionar al público, hábil en producir fascinaciones, poeta arrebatador... cualquier cosa, menos naturalista, ni aun natural; por último, en lo tocante a Ceferino Palencia, me topé con él a los dos días de impresa la carta de la señora Pardo Bazán, y me dijo, después de felicitarme por mi campaña crítica, cuánta había sido su sorpresa al hallarse incluido en el listín de los piratas.

Queda por nombrar a la misma discreta adversaria de usted. Nada he de decirle, sino recordarle la manera cómo recibieron la prensa y el público el *Viaje de novios* (primorosa novela que me envanezco de haber sido de los primeros o el primero en proclamarla tal) y cómo han recibido *La Tribuna*. Y en esta novela resplandece, empero —a la mezcla de giros y vocablos villanescos, que desde el *Assommoir* acá han tomado carta de naturaleza en los libros de más fueros literarios un lenguaje tan móvil, abundante y hermoso, que da gloria. En esto sí que la moderna escuela —permítame, amigo y señor de Calcaño, que se lo haga notar— en esto sí que, con Pérez Galdós Valera y nuestra irritable doña Emilia, ha ganado mucho el idioma patrio, atacado de galicismo como de viruelas y cada día más convencional, por culpa de esta fabricación de frases, como de tarjetas, al minuto, que se llama periodismo.

Mas, precisamente por eso, debemos advertir a la señora Pardo Bazán, y a los que como ella piensan que una lengua tan rica y neta es oro, y el oro se ha de emplear en cincelar vasos y joyas como las de Arfe o Cellini, no en construir calderos como los de Teniers o Vollon.

Si no he acertado a defender con lucimiento y fuerza la causa que usted con su inteligencia ilustra, culpe usted al abogado por torpe, mas perdone usted, en gracia al buen deseo, al amigo.

Lo es de usted muy de veras su atento y seguro servidor.

q.b.s.m.,

Luis Alfonso

A 23 de marzo de 1884.

Reincidiendo

Señor don Luis Alfonso. – Redacción de *La Época*, Libertad, 18. – Madrid.

Señor y distinguido amigo: Doy gracias a Dios; al fin se ha servido disponer que alguien aclare e interprete las cabalísticas disertaciones del señor Calcaño; y una vez que tales resultados produce, juzgo oportuna la reforma postal introducida por los escritores, de que conteste uno las cartas dirigidas a otro, siempre que estas cartas a otro anden en letras de molde.

¿Ve usted, ve usted si acerté al vaticinar que se enfadaría conmigo el señor Calcaño? Segurísimo estaba de concitar sus iras; lo que no presumí es que usted, por saña antinaturalista, tomase a su cargo la defensa de tan mala causa. Como soy que me alegro de que acuda usted a desfacer ajenos agravios, y a disparar de nuevo la honda contra el descomunal gigante Goliath del realismo.

Cuando batallaba usted con Ortega Munilla, estuve a punto de intervenir en la discusión; me pararon la pluma razones de diversa índole; hoy, situado en distinto terreno el debate, puedo entrar en él y cumplir mi antiguo deseo.

Amigo Alfonso, usted a la fuerza, debe de hallarse sobrexcitado por los desafueros del gigante consabido, ya que al lanzarle peladillas del arroyo con la honda de la crítica, pierde su habitual mesura y equilibrio, y hace ademanes de espanto y terror, ni más ni menos que el señor Calcaño. Permítame usted que responda a lo esencial de su carta, dejando a un lado lo de menor entidad, por no dar a mi respuesta proporciones de mamotreto.

Se asusta usted de mi desenfado y ligereza (sobreentiéndase, desacatamiento y osadía), al encararme con el señor Calcaño, «ministro, diplomático y académico, periodista renombrado, músico de lozana inspiración, poeta galano y docto varón en suma». Lo de ministro, diplomático y músico, no me importa ni pizca; bien podía el señor Calcaño ser todo eso, y aun presidente de la república de Venezuela, y un inconsciente (encontré el vocablo parlamentario) en achaque de literatura; lo de periodista, académico y poeta, ya supone algo para el asunto; mas si yo, según afirma usted a renglón seguido, soy también nada menos que «toda una hablista, ingenio vivo y punzante, maestra en estudios históricos, entendida en filosofía y ciencias, novelista de bríos, escritora crítica de alcance y poetisa de dulce canto»; si tantos títulos me otorga benévolamente la misma pluma que extiende la hoja de servicios del señor Calcaño,

¿dónde está, cielos, mi irreverencia? ¿O será inviolable el señor Calcaño por su condición de diplomático y ministro? Más caridad con las pobres señoras: mire usted que estas varas de tela que las modistas combinan y pliegan artísticamente desde la cintura al pie, nos incapacitan para aspirar a las glorias diplomáticas y ministeriales, y es crueldad refinada taparnos la boca alegando dignidades y preeminencias que jamás obtendremos.

Da usted muestra de ejemplar humildad ofreciéndose a bajar en vez del señor Calcaño al terreno de los escarceos, vedado a tan conspicuo personaje por aquello de que aquila non capit muscas. Cada uno es cada uno, y las comparaciones odiosas, y usted posee su ejecutoria fundada en mucha y discreta crítica, y yo de mí sé decir que rompo con usted una lanza de tan buen grado como con el más perínclito caballero andante del idealismo, o lo que fuere ese remilgado eclecticismo estético que usted profesa. Y ya que en tales aventuras nos metemos, déjese usted de correctivos, que huelen desde mil leguas a férula y dómine, y no proscriba el estilo desenfadado y jocoso, que es de tan limpio abolengo como el que más, siempre que no traspase los límites del decoro literario, ni se resbale a personalidades injuriosas. ¿Quería usted verme muy grave, rebatiendo con sólidas razones la especie de que, por culpa del naturalismo, ya los hijos no lloran a sus madres cuando Dios se las lleva? A pesar mío me retozaba la risa en el cuerpo, y hubo de salir un tanto risueña mi carta.

Pienso, no obstante, que en todas mis chanzonetas no hay cosa que personalmente lastime al señor Calcaño, el cual, aparte de sus peregrinas declamaciones, será un caballero muy digno de aprecio, de quien no tengo informes de ninguna clase. Y vea usted cómo lleva razón su carta en un punto: aquí en la costa cantábrica, no estamos al corriente de lo que el señor Calcaño vale y es. Yo confieso mi ignorancia supina. Aun por eso es bueno que usted me entere y le entere a él de las condiciones de la escritora trasconejada que desde el Noroeste perpetra delitos de lesa majestad ministerial.

Dos argumentos nada más dice usted que opuse a la carta del señor Calcaño. ¿Parécenle pocos? Pues sobraba el primero, porque la carta del señor Calcaño no aducía argumento alguno, limitándose a lamentos, tristezas y anuncios de catástrofes e invasiones de piratas. ¿Cómo encerrar en la apretada red de la lógica y del raciocinio un artículo fluido, inexpugnable por su misma inconsistencia y que, tocante a hechos, razones y fundados juicios, puede compararse a nada entre dos platos? Para discutir formalmente se requiere algo preciso y concreto, base de la discusión, no vaguedades y anfibologías que hacen a todo y en resumen no contienen doctrina. Tanto es así, que la carta del señor Calcaño, mudándole el título y media docena de palabras, podría referirse indistintamente al descreimiento e impiedad en materias religiosas, o a las conspiraciones militares de Ruiz Zorrilla, o al lujo que crece de un modo alarmante, o al materialismo filosófico, o a cualquier cosa. Si yo olfateé que del naturalismo se trataba, no fue porque el señor Calcaño lo nombrase.

Con el buen fin de consolarle, asegura usted al dolorido caballero cuya defensa toma, que mi carta ha sido juzgada severamente hasta por el mismo elemento joven y maleante del Ateneo. Aunque mis motivos tenía yo para creer lo contrario, líbreme Dios de afirmar cosa alguna en este punto. Sobre que no es lícito usar en batallas públicas armas del arsenal secreto y privado, como vivo tan lejos de Madrid, acaso no acierte a tomar el pulso a la opinión. Y sin desconocer el mucho valer de la ajena, escribo siempre conforme a la propia. Si mi conciencia no estuviese tranquila, me alarmaría la acusación que usted me dirige, afirmando que me burlo de los que muestran celo exquisito en pro de la fe y de la virtud. ¡La fe y la virtud! Por lo mismo que soy católica apostólica romana; por lo mismo que en materia de dogma y costumbres me atengo a las enseñanzas de la Iglesia, me niego —y ahora sí que tocan a hablar seriamente— me niego, repito, a admitir como apología de la fe cuatro generalidades huecas donde se llama a defender la fe susodicha al señor Pi y Margall (famoso cruzado). No alienta en mí ese espíritu exageradamente religioso que usted me atribuye, si por espíritu exageradamente religioso se ha de entender la ceguera del fanatismo o la vociferación del energúmeno; pero me basta la dulce ley recibida en el bautismo para no admitir en mi aduana una fe de contrabando, ni una moral privada que sustituye al Decálogo claro y sencillo las nebulosidades difusas del ideal.

Cristianos viejos eran nuestros inimitables escritores de los siglos de oro, y escribían con franqueza, crudeza y realismo neto, y salpicaban sus escritos de palabras de baja estofa, ni más ni menos que la insignificante autora de *La Tribuna*, porque nuestro idioma no es oro todo él, amigo Alfonso, sino que se parece a esas sortijas de siete aros de siete metales, en que entran desde los más nobles, como el oro y la plata, hasta los más ínfimos, como el plomo y el estaño, y si algún aro se le quita pierde la sortija su gracia, hechura e integridad; y ganas me dan de añadir que aún son más gruesos los aros de estaño, plomo y cobre, y más rica nuestra generosa habla en voces bajas, familiares, plebeyas y humildes, y la literatura debe recogerlas, estimarlas y darles curso. Así estuviese yo tan segura de imitar a los grandes clásicos en el talento como lo estoy de quedarme muy atrás de ellos en la libertad del pincel, aunque apunte usted en la cuenta de mis licencias los detalles de obstetricia de *La Tribuna*, harto más sucintos y velados que los que a cada instante se oyen en conversaciones y diálogos de gente bien educada, de señoras que se refieren mutuamente sus andanzas en tan apurado trance. Si usted me ha leído despacio —y así debe de ser, pues ha juzgado usted muchas obras mías, sin hablar de la corrección de pruebas de los artículos de *La cuestión palpitante*, que agradezco cual se merece— reconocerá que, a falta de otras excelencias que bondadosamente me supone y yo no poseo, tengo la cualidad o defecto de ser muy dueña de mi pluma, de escribir lo que me propongo y ni una línea más, pecando, antes que de apasionamiento, de cierta frialdad ya observada por el malogrado Revilla en mi primer novela *Pascual López*.

Para narrar ese episodio tremendo de la vida femenina, que debe caber en el arte, esa suprema crisis de la maternidad, donde no hay nada de licencioso o provocativo e impera la austeridad profunda del dolor, he rehuido la descripción clínica de Zola en Pot-Bouille, haciendo que la tragedia se represente entre bastidores, y que el oído supla a la vista. No sé lo que inspira a las mujeres arrebatadas e indoctas el naturalismo: por la parte que le toca a *La Tribuna*, no será de fijo el amor libre, dogma de la iglesia romántica jorgesandiana, nunca de la naturalista, como usted sabe perfectamente. Cuando la famosa Guillermina Rojas predicaba sus anchas teorías, dijo agudamente un sujeto a quien conoce todo Madrid: «¿Para qué me han de dar el amor libre, si yo me lo tomo siempre que quiero?». Créame usted: sin Guillermina Rojas, sin romanticismo ni naturalismo, origina las mayores picardías, desde los tiempos de Adán, la humana condición flaca y decaída, y el diablo que lo añasca todo. ¿A cuántos kilómetros estaremos del señor de Calcaño? No lo sé, ni hallo medio de regresar hasta él, ni de ponerme otra vez seria para concluir de un modo correcto. Y es que, lejos de enojarme, de querer lanzar a usted rociada alguna, de increparle duramente, o de tratarlo como a un Siffler de mis ejércitos, estoy que no quepo en mí de vanidad y gozo desde que usted me ha revelado que no hay piratas. De una plumada, o mejor dicho, de algunas plumadas, suprime usted a siete de éstos: Galdós, Pereda, Palacio Valdés, Ortega Munilla, Sellés, Cano y Palencia. Sobre el realismo de los tres últimos, ya dije en mi carta al señor Balaguer que había mucho que discutir, y si los citaba era porque el señor Calcaño los omitía; huelga, pues, la mayor parte de lo que afirma usted de ellos, y la sorpresa del señor Palencia también. En resolución: suprimidos por usted éstos y los otros, resulta que solo quedamos, como piratas indiscutibles, algún crítico y yo. ¡Digo, digo! ¡Pues apenas si hay para ponerse orondo y ancho!

¡De modo que todos los augurios del señor Calcaño (paternidad del mono inclusive), todos los artículos, gacetillas y sueltos que diariamente salen en periódicos y revistas, todas las discusiones del Ateneo, todas las polémicas acaloradas cuyo estrépito aturde los casinos y los cafés, todos los libros que tratan la debatidísima cuestión palpitante y toda su indignación de usted, no reconocen otro origen ni se refieren a nadie más que a dos o tres escritores a lo sumo, y en primer término a quien traza estas líneas!

Pasmada estoy de mi propio dinamismo, y maravillada de obrar tales milagros y causar trastornos semejantes. Sí, amigo mío: voy a exclamar, cual las lagartijas de la fábula:

Valemos mucho,

por más que digan.

¿Cómo no he de agradecer a Siffler que me deje sola o casi sola? Muy buena era la compañía en que creí encontrarme, y preferiría (en cuanto a gusto y diversión) seguir acompañada; pero con la soledad gana mucho mi orgullo, y si creyese firmemente que no pasaba un alma por la calle del realismo, de veras me crecería tres dedos, que siempre es glorioso ser, en algo, el único.

Ya puesto a ello, amigo mío, ¿qué trabajo le costaba haber concluido la obra, suprimiéndonos también a los únicos y solitarios piratas que restábamos y a mí?

No falta quien le dé el ejemplo: mi muy reverenciado amigo el novelista Alarcón declara que va a morir definitivamente el naturalismo, en otra carta que endereza desde *El Imparcial* al señor Ortega Munilla. Así se resuelve el problema: muerto el perro, se acabó la rabia. Para los que quedamos, no merece la pena de existir.

En suma: si tan contados somos los ejemplares de la especie piratesca, los demás se las compondrán como gusten, que por mí estoy dispuesta a piratear recio, y en el terreno cortés —aunque en festivo tono las más veces— me tendrá usted siempre pronta a enarbolar la bandera negra, así me quede como arraez sin bogavantes.

Desde mi galeota, me despido agradeciendo los inmerecidos elogios que me tributa usted y asegurándole que ni soy irritable, ni estoy irritada, antes estas luchas me esparcen y agradan muchísimo, especialmente cuando tropiezo con tan dignos adversarios.

De usted afectísima Q.B.S.M.

La Coruña, a 2 de abril de 1884.

Carta-pacio
SEÑORA DOÑA EMILIA PARDO BAZÁN
Calle de Tabernas, 11,
CORUÑA

Mi muy distinguida amiga: Más recia defensa del naturalismo esperaba yo del mucho despejo y sazonado estudio de usted He de confesarle, por tanto, que leí sorprendido su carta (con la que hemos entrado de lleno en la legalidad postal, escribiéndonos directamente y no por tercera mano), sin encontrar al punto razonamiento a que asirme para proseguir mi campaña antinaturalista. Estocadas personales en la primera parte de su epístola; quites personales también en la segunda, y nada más. Apenas dejaba usted al señor de Calcaño, la tomaba usted consigo misma; y como yo había expresado ya en abono del primero mi parecer, y no tenía para qué arremeter con usted, que por ser dama está y debe estar al abrigo de todo ataque, quedéme perplejo y desconcertado.

Porque ha de saber usted, señora mía, que la controversia que había emprendido gozoso en *El Imparcial*, por tratarse de periódico muy popular y leído y por contender con tan noble paladín como Ortega Munilla; esa controversia acabó, no sé si a mano airada o por inanición. Y digo esto, porque por una parte, Ortega Munilla hubo de dejar que pasara un mes sin escribirme, y por otra, en el mismo Imparcial me han significado que tales polémicas son enfadosas, y que, después del segundo artículo, «ya ni los mismos que lo escriben se enteran de ellos».

¡Imagine usted cuál quedaría yo al oír esto! Y es el caso que tan oronda y envanecida o más que usted se muestra por haber quedado sola con Clarín para defender el naturalismo, me hallaba yo de leer las cartas que de todas partes (París, Barcelona, Sevilla, Zaragoza, Córdoba, Gibraltar, Valencia) aplaudían la doctrina que sustento y de oír las palabras de estímulo que a cada punto me dirigían toda clase de personas.

Al propio tiempo me constaba que los partidarios de Ortega Munilla aguardaban ansiosos sus réplicas y le felicitaban por su apología del naturalismo. Creía, por último como creo, que no hay en España hoy día tema literario de más interés que éste, por lo que es en sí y por el rastro que deja. Imagine usted, pues, vuelvo a decir, cuál quedaría yo privado allá de continuar y sin pretexto aquí para seguir.

Por fortuna es usted de los escritores que aun dejando que su pluma vuele por regiones estériles, no dejan de verter aquí y allí alguna semilla que por su propio valer, y a poco que se la cuide, fructifica y crece. Repasando, pues, con detenimiento la carta que me hizo usted la merced de dirigirme, he descubierto al fin alguna de esas semillas, dejadas caer como al desgaire en el surco del campo naturalista y cuyos brotes pretendo arrancar antes de que se desarrollen para daño de las letras.

Demos ya de mano, si le parece a usted, a mi respetable amigo el señor Calcaño, a quien zahiere usted y maltrata en columna y media de las tres que su carta llena, por el delito, no de haber maltratado o zaherido a nadie, sino de haber omitido deliberada o indeliberadamente en la suya algunos nombres; prescindamos de que a usted no le plugo entender que al enumerar los merecimientos de usted junto a los suyos, lo hice para que se notara el contraste entre el proceder circunspecto del ministro venezolano, que ni antes ni después de la acometida de usted ha esgrimido la pluma en el ataque, y la impetuosa agresión de usted armada de punta en blanco, con burlas, cuchufletas y donaires; arnés naturalista que, se lo confieso a usted claramente, si no me agradaría en Rugiero, menos me gustaría en Bradamanta.

Y vengamos al asunto. No piense usted que yo he de tomar a mal ni he de conceptuarme ridiculizado porque usted me acuse de asustadizo y medroso ante el lenguaje y tendencias de usted, ni tampoco porque apode usted «eclecticismo remilgado» a mi criterio.

Miedo y susto me produce ciertamente, el que no ya tan solo los varones, mas también las hembras —o si usted quiere, las ricas-hembras— se aficionen ciegamente a las teorías y prácticas literarias de Zola y su bando, porque entiendo que si mucha falta hace ideal, la mayor suma posible de ideal, en los corazones serenos y los entendimientos claros, para soportar las materialidades harto desapacibles de la existencia, más necesita aún de ese hábito refrescante la mujer, que ha sido siempre en la tierra el ideal del hombre y la inspiradora perenne de ese idealismo engalanado por la imaginación que se nombra poesía.

¿Cómo se reirá usted para sus adentros al leer estas puerilidades tan manoseadas como añejas? Pero debo advertir a usted, simplemente como un hecho, que quizá por lo mismo que no es nueva ni original mi opinión, la confirman en el caso presente todas, absolutamente todas cuantas señoras me han hablado de *La cuestión palpitante* que ahora sacamos otra vez a plaza y que palpita más que nunca.

Repito que solo como hecho lo aduzco, porque más de una vez se ha visto que uno tenga razón contra todos, y pudiera usted tenerla, mal que pesara a todas las de su sexo; pero créame usted, amiga mía, hay mucho adelantado, en letras como en cualquier asunto, con tener de la parte al público femenino. Me apresuro a declarar antes de proseguir, que según barrunto, ha de ser opuesta a mi parecer, mi señora y amiga doña Rosario Acuña de la Iglesia, que anoche nos leyó en el Ateneo un poema con asomos de científico, conatos de irreligioso y vislumbres e indicios de sarcástico.

También me declaro reo en lo de los remilgos. Los tengo y muchos, más que una damisela nerviosa y evaporada, cuando se trata de obras de arte. Si no hay belleza y armonía, si no hay pulcritud y buen gusto en ella, le hago ascos, y tales, que de seguro haría reír a carcajadas a la autora de *La Tribuna*, en cuyo libro hay «niñas mocosas», muchachas que «llevan la cesta» a su hermana y mozas que gritan: «¡repelo!».

Digo hoy a usted, mi señora doña Emilia, lo propio que a Ortega Munilla dije ayer. Él escribía en tono irónico que la esfinge ante la cual discutimos había de exclamar: ¡mucha agua y jabón Windsor! y yo repliqué que sí, que mucho jabón y mucha agua han menester varias páginas naturalistas y que yo voccaba también con todas mis fuerzas: ¡mucha agua y jabón Windsor! Ahora, del mismo modo convengo con usted en que soy muy remilgado y conceptúo que deben usarse muchos remilgos al tratarse de admitir o no las producciones del ingenio.

Yo por mí las acepto todas (por eso soy ecléctico) vengan de donde vinieren con tal que vengan limpias y artísticas y hermosas. Y si quiere usted, para que le sirva de gobierno, que le declare cuál es la fórmula de mi «remilgado eclecticismo», le diré de aquí para adelante, que así como los musulmanes concentran su fe religiosa en la frase «No hay más Dios que Dios y Mahoma es su profeta», yo reduzco mi fe literaria a ésta: «No hay más Dios que lo bello, y el Arte es su profeta».

Continuemos. Para que usted se persuada de cuán resbaladizo es –en noble y distinguida dama, como usted, sobre todo– el apadrinar ciertos procedimientos literarios, y el escarnecer determinadas creencias (llámelas, si usted quiere, cavilaciones), le advertiré que al chancearse usted una vez más con la carta del señor Calcaño, diciendo que «mudándole el título y media docena de palabras podría referirse indistintamente al descreimiento en materias religiosas, o a las conspiraciones de Ruiz Zorrilla, o al lujo que crece de un modo alarmante, o al materialismo filosófico»; al decir usted esto, repito, viene usted a decir que en la respuesta de usted a la citada misiva, «mudando el título y media docena de palabras», se burlaría usted despiadadamente de quien combatiese el materialismo, el lujo, las conspiraciones y el descreimiento.

Otro punto que concierne al tema trascendental que debatimos, toca usted cuando se defiende del último capítulo de *La Tribuna* (el alumbramiento de la protagonista). Bien sé yo que ni remotamente ha seguido usted a Zola, quien dedica todo un largo capítulo de su flamante novela La joie de vivre, a describir con todas, absolutamente todas las menudencias más asquerosas y nauseabundas, «el episodio tremendo, como lo llama, de la vida femenina»; mas, por Dios y los santos, no arguya usted para defenderse que (dos detalles de obstetricia de *La Tribuna* son harto más sucintos y velados que los que a cada instante se oyen en conversaciones y diálogos de gente bien educada». ¡Medrados estaríamos si no fuera así! ¿Habríamos también, por rendir culto a la realidad, de transcribir las preguntas del médico a un paciente de dolencia gástrica, o los diálogos de «gente bien educada» acerca, v. gr., de los efectos del mareo?

Con estas inútiles licencias retóricas se relacionan estrechamente otras libertades no menos abusivas de vocablos. Y digo licencias inútiles porque Pereda, sin ir más lejos, que aunque no se anda en naturalismos, es un escritor real y verdadero, sabe, como saben los artistas, decir tanto o más que los partidarios de esas claridades, sin ofender el oído más «remilgado»; y no insisto más porque en este mismo sitio hice notar la astuta delicadeza, que así se puede llamar, del autor de Pedro Sánchez.

De las voces villanescas que Zola primero, Pérez Galdós después y usted más tarde, se han complacido en traer al vocabulario de la literatura, dice usted que nuestros escritores de los siglos de oro «escribían con franqueza, crudeza y realismo neto, y salpicaban sus escritos de palabras de baja estofa».

Huélgome, lo que no es decible, de que haya usted apelado a ese argumento que he oído usar repetidas veces y para el cual hay siempre aparejada muy sencilla respuesta. ¿En qué clase de escritos empleaban semejante lenguaje los escritores aludidos? En los escritos de gorja, como diría Quevedo, o de guasa, como se dice hoy; nunca en los sacros. Para el verso, solo en jácaras y sátiras ligeras; para la prosa en *Rinconete y Cortadillo*, *El pícaro Guzmán de Alfarache*, *El buscón don Pablos* o *El Lazarillo de Tormes*; esto es al tratar de mendigos, pícaros, hampones, rufianes, busconas, celestinas y otros ejemplares de la hez y escoria humanas.

¿Es esto lo que a ustedes los naturalistas les place remover? ¿Aquí es donde les agrada buscar tipos, costumbres, sentimientos y lenguaje? Pues con su pan se lo coman, que yo ayuno y con mis remilgos me quedo.

Y si al cabo condujese a algo de provecho ese escarbar con la pluma cual con gancho de trapero, entre la basura, o como el gallo de la fábula, que halló la perla y la desdeñó. Pero ¿cuál es, en suma, la moral que ustedes defienden, y que según usted se apresura a declarar, no es el amor libre, dogma de la iglesia romántica gorge sandiana y nunca de la naturalista?

El preceptista de la escuela, el Aristóteles, Quintiliano, Horacio y Boileau de ella, que es Zola, lo ha manifestado harto explícitamente en sus teorías y en sus prácticas, o sea en sus novelas. La doctrina del naturalismo se funda en la experimentación, prescinde en absoluto de la Providencia y lo divino, y atribuyendo solamente al temperamento todos los actos de la vida, negando el libre albedrío virtualmente, rueda necesariamente al fatalismo. Es más: en plena sesión del Ateneo se ha proclamado que el naturalismo había de ser, por fuerza, ateísta, y ningún naturalista ha protestado, ni en realidad podía protestar, de ello.

Y si dejándonos de principios venimos a los ejemplos ¿dónde hallaremos esa moral y dogma tan opuestos a los desvaríos gorge sandianos? ¿Será en *Le Nabab*, *Numa Roumestán* y *Fremont jeune y Risler ainé*, de A. Daudet, en cuyas novelas todos los bribones o anchos de conciencia prosperan y la gente de bien se muere o se mata desesperada y escarnecida? ¿Será en *Madame Bovary*, de G. Flaubert, donde el poderoso talento analítico del autor se emplea en escribir el poema de una mujercilla sin cualidad moral ni intelectual que valga un ardite y que entretiene los ocios de la aldea en minotaurizar, como Balzac diría, al mentecato de su marido con cuantos galancetes halla a mano? ¿Será en La fille Elisa, de E. de Goncourt, «epopeya» de una vulgarísima y asquerosa ramera que acaba por asesinar a un soldado (digno Marte de tal Venus) y volverse idiota en la casa de corrección: «odisea» en que cada uno de los cantos ocurrió en un distinto burdel? ¿O será, en fin, L'*Assommoir*, Nana, Pot Bouille o La joie de vivre, de Zola, en cuyos libros, aparte de las obscenidades y porquerías, resalta el pesimismo más desconsolador, y si por acaso cruza un alma pura y un corazón sano, es para quedar humillado, maltratado y deshecho por los machos y hembras de la peor ralea, que allí tanto abundan? No comprendo, amiga mía, que usted, la autora tierna y dulce de los versos a su hijo *Jaime*, usted la piadosa narradora de la vida ejemplarísima de Francisco de Asís, usted que por ser mujer y mujer de privilegiada inteligencia tanto ha de comprender y estimar las delicadezas del sentimiento, crea usted que ese linaje de literatura no ha de ejercer dañina influencia en esta nerviosa existencia que lleva el mundo.

Pluguiera a Dios que no fuera así; pero, ríase usted cuanto quiera de ello y saque usted de su aljaba cuantas flechas aguzadas por la burla picante guste, es lo cierto, que, si bien con alguna hipérbole en la forma, no andaba descaminado el señor Calcaño al arredrarse y entristecerse por los efectos de la invasión materialista.

Y si no, dígame mi señora doña Emilia, dígame en conciencia, si esa afición, hoy en auge entre los señoritos cortesanos, de imitar los usos y vicios, como las palabras y modales de los chisperos del día; si esa villana costumbre de reemplazar la antigua espada de hidalgo con la navaja del matón de oficio, no es, en suma, una traducción (libre si usted quiere, pero traducción al cabo) de esa literatura donde se saca a primera línea y se trueca en personajes y héroes de poema, cuanto camina entre el lodo y rueda en el cieno de la sociedad. ¿Opina usted que es buen modo de suavizar las costumbres y aumentar la cultura y fomentar el instinto de lo bello, delicado y puro, no hablar (y cuanto con más talento peor) más que de miserias y vicios y no presentar más que gentuza, ya moral, ya socialmente considerada?

Ríase usted, ríase usted de nuevo, y más de mí que de nadie si la agrada, amiga mía, que todas las risas y chanzonetas y pullas de usted no han de causarme mortificación alguna: en estos casos pienso como Petronio: «Satius est rideri, quam derideri» —prefiero que se me rían, a reírme.

Pero me duele, créalo usted, me duele (lo afirmo con la lealtad y buena fe, que cuantos me conocen, me reconocen) que amigos que tanto quiero y escritores que en tanto estimo como Pérez Galdós y Sellés, desciendan de *Gloria*, al *Doctor Centeno*, y de *El nudo gordiano*, a *Las vengadoras*. (Ya sabe usted que aquél es el libro que menos se ha vendido y ésta la comedia que menos ha gustado, de uno y otro autor respectivamente.)

Me duele mucho, sí, que esto suceda, y no menos me duele que a la insigne narradora de *Un viaje de novios*, puedan increparle, como no ignora usted que lo hace en *El Gibraltar Guardián*, quien se firma «Una española calpense», de que la heroína de *La Tribuna*, «dura para sus padres, orgullosa y altiva con sus iguales y cruel y desalmada con el único personaje interesante del drama viene a la postre sin nobles luchas, sin pasión ardiente, a entregarse en brazos de un mentecato libertino, sin corazón y sin carácter».

El autor o autora de esta filípica no muestra sobrada competencia en discernir autores; mas en cuanto a sentido moral y aun sentido común, dígole a usted que no es lerdo.

Para terminar una carta que es ya carta-pacio, aseguraré a usted que si me preocupa y amohina que escritores, como los nombrados, rindan sus fueros al menguado naturalismo, y que escritores y damas como usted, bastardeen su propia y genial naturaleza, sometiéndose al mal gusto naturalista, el Naturalismo, en sí, de modo alguno me arredra.

No me arredra por muchas razones, y la más lisa y vulgar es la más fuerte, a saber; porque el juicio público lo ha condenado con fallo inapelable e incontrovertible, y por el mismo camino que usted y Leopoldo Alas pretenden seguir para realizarlo: por el de las burlas.

El romanticismo cayó desde el punto en que apareció una caricatura en que se figuraba un mancebo desgreñado y ojeroso, con un puñal en una mano y un pomo de veneno en la otra, con un letrero al pie que decía: «¿Me lo clavo?, ¿me lo bebo?».

El naturalismo ha caído también desde el punto que la gente, al oír o ver un lance desvergonzado, una frase cruda, o un cuadro sucio en cualquier sentido, exclama: «¡género naturalista!»

¡Que es injusto, que es exagerado! También lo era al tratarse del romanticismo, y no por eso dejó de matar con el ridículo la secta: Dura lex, sed lex.

No dude usted que con todo lo expuesto, la estima como el que más, y la admira como pocos, su afectísimo amigo y seguro servidor.

q.s.p.b.

Luis Alfonso
En Madrid, a 20 de abril de 1884.

Carta magna

Señor don Luis Alfonso. — Redacción de *La Época*, Libertad, 18. — Madrid.

¿Se puede saber, señor y distinguido amigo, por qué esperaba usted más recia defensa del naturalismo en mi última carta? La de usted, enderezada al señor Calcaño, no encierra cosa alguna de entidad a que yo no contestase punto por punto. Me agrada ceñirme a la discusión, no salirme de su terreno, y responder acorde. Si maltraté al señor Calcaño en columna y media de las tres que llena mi epístola, fue porque usted consagró otro tanto espacio a encomiarle y aplicarle calmantitos; si dediqué la columna y media restante a defenderme, fue porque usted empleó la misma cantidad de prosa en dirigirme acusaciones que, no por venir galanamente vestidas y entreveradas con elogios muy superiores a mis méritos, perdieron nada de su intención desolladora.

Hube de ajustarme al texto, sirviéndome de la forma festiva, que, insisto en ello, es la más adecuada al estilo epistolar, la más oportuna para estas funciones de pólvora literarias, y no la menos difícil de manejar sueltamente y de condimentar con sal, mostaza y pimienta, proscribiendo la hiel y el vinagre. A usted, que me juzgaba irritada y hecha un basilisco, le pone nervioso la expansión de mi buen humor. Pues no haya quimera: yo haré cuanto esté de mi mano para escribir con gravedad, solo por complacer a usted. Tampoco veo inconveniente en dejar ya tranquilo al bueno del señor Calcaño.

¿Quiere usted que hablemos de doctrina naturalista? sea: vengo en ello gustosa: mas permítame usted, ante todo, advertirle que su Carta-pacio no se concreta a impugnar el naturalismo como cuerpo de doctrina literaria, sino que se extiende por campos de amena variedad, tocando algunas veces a mi persona: no le sorprenda a usted que para seguirle tenga que imitarle.

Estoy conforme en que al presente no hay en España (ni en Europa) tema literario de más interés que el naturalismo, y lejos de pensar, con *El Imparcial*, que no leen estas polémicas los mismos que las escriben, veo y toco el interés que inspiran, y cómo disputan a la política el privilegio de apasionar los ánimos hasta de los profanos en letras. Ya se me alcanza que todavía andarían más buscados y solicitados los números de *La Época* donde combatimos usted y yo, si cayésemos en la tentación de insultarnos y acabar la polémica como el Rosario de la Aurora; con todo esto, celebremos que la gente otorgue alguna importancia a lo que no es lucha electoral, ni crisis, ni proceso Morillo. Juzgo además que en el mundo intelectual como en el físico, no se pierde un átomo de energía, y se convierte en actividad todo esfuerzo.

Previa esta declaración, empiezo a seguir los senderos por donde me guía su carta. Asústase usted de que no solo los varones, sino las hembras ¡las ricas-hembras! se aficionen a las teorías y prácticas literarias de Zola. No adivino por qué ha de ser más alarmante el síntoma en el bello sexo. Dentro del terreno literario no hay varones ni hembras, hay escritores que sufren inevitablemente las modificaciones inherentes al gusto estético de su edad; y cuando el historiador, con espíritu sereno y maduro juicio, reseña los fastos de las letras, no se le ocurre cavilar en si conviene a una mujer el estilo de Santa Teresa o el de doña María de Zayas, el de Victoria Colonna o el de Jorge Sand. Estudia a la artista, la considera en relación a su época, pesa los quilates de su mérito intrínseco, lo mismo que haría con un hombre: solo este modo de proceder es literario, y usted, crítico tan distinguido, está obligado a conformarse a él, sacando de su error a las damas que usted dice se asustan, y acaso creen que hay dos literaturas, una femenina, que trasciende a brisas de violetas, otra masculina, que apesta a cigarro.

Usted es dueño de tener cuantos remilgos guste, más que una damisela nerviosa y evaporada; los remilgos son incoercibles; yo he conocido personas que se privaban de tomar sorbete, de comer en restaurant, de dormir en las camas de las fondas y de recostarse en los vagones de la vía férrea; personas para quienes cada apretón de manos era un suplicio, y la vida un purgatorio. Si a usted le acontece lo propio en literatura, considerará usted fruto vedado a Dante, a Shakespeare, a Cervantes, a casi todos los clásicos griegos y latinos (no exceptúo al divino Horacio), y lo que es peor, se contentará usted con acatar la sagrada autoridad de la Biblia, sin deleitarse en sus literarios primores, porque a veces echaría usted de menos el jabón Windsor (entre paréntesis, es más fino el de Lubín). Mudo de táctica: debo cumplir lo ofrecido y hablar seriamente. Usted, vuelvo a decir, está en su derecho al tener remilgos; pero, ¿debe usted erigir esos remilgos en norma del arte?

Si el escrito que yo ataqué podía referirse indistintamente a muchas cosas, no así el mío, que se aplicaba a precisar lo que en el otro andaba flotante y sin consistencia. Al mío no bastaría con mudarle media docena de frases para alterar su significación. Y yo no me burlaría en letras de molde de quien impugnase el materialismo, las conspiraciones, etc. (no porque la burla no fuese lícita si lo hacía mal, pues no basta la buena intención, como lo ha demostrado *La Época* hará tres días, riéndose de unos detestables versos dedicados al piadosísimo objeto de ensalzar a la Virgen), sino porque no suelo meterme en otros berenjenales que los puramente literarios.

Las preguntas de un médico a un enfermo acerca de dolencias gástricas o los diálogos acerca del mareo, sobrarían en una novela, amigo Alfonso, porque son menudencias que no entrañan modificación importante en la vida de los personajes, y el novelista que las consigne mostraría ocioso empeño en acumular pormenores sin valor descriptivo o narrativo. Mas el alumbramiento, como la agonía, cabe en el arte, es situación dramática, de terror y piedad, cual las pedía la antigua escuela: la partida o la venida de un ser humano al mundo, tiene algo de solemne que realza todo vulgar detalle.

No obstante... Me detengo para advertir a usted que ahora voy a exponer principios, mejor dicho, a confirmar lo ya expuesto en aquellos articulejos titulados *La cuestión palpitante*, que usted preservó de injurias de cajistas. Ya los ha olvidado usted —y no me extraña, pues no los creo dignos de eterna memoria— cuando me juzga ciegamente prendada de Zola y afiliada en absoluto a su escuela. No vuelvo del asombro viendo que se intenta hacer de mí un Zola femenino, o por lo menos un discípulo activo del revolucionario francés. Dispénseme usted la merced de repasar mi libro; y hallará en él las numerosas restricciones que puse antes de aceptar la doctrina de Zola. El famoso capítulo Lucina plebeya, que usted considera ofrenda a mi penate, es, al contrario (líbreme Dios de decir una enmienda, ¡quién soy yo para enmendar la plana al gran artista!), un ensayo de cómo se pueden tratar ciertas materias sin sacrificar la realidad y sin desplegar inútil lujo de crudezas y horrores.

Opiné y sigo opinando que se debe poner el límite muchísimo más allá que Octavio Feuillet y otros novelistas de agua con azucarillo, y harto más acá que Zola; pero esto en rigor es cuestión de gusto y acaso de remilgos, que algunos tendré yo como cada quisque; donde radicalmente me aparto de Zola es en el concepto filosófico: ya sabe usted que en *La cuestión palpitante*, hace año y medio, me adelanté a rastrear sus doctrinas deterministas, fatalistas y pesimistas, declarando que por esos cerros ningún católico podía seguirle.

Nada me enseña usted de nuevo al hablarme de que el arte fatalista suprime la Providencia: yo lo he patentizado (del mejor modo que supe) en mi libro. Aun por eso insisto en que aceptemos del naturalismo de Zola lo bueno, lo serio, el método, y desechemos lo erróneo, la arbitraria conclusión especulativa, anti-metafísica que encierra. Procedamos con él como los sabios con el positivismo científico. El sabio más católico o más creyente en la Providencia, un Padre Secchi, un Agassiz, al experimentar y estudiar, obra como si fuese positivista, atendiendo al hecho y al fenómeno, que es lo que tiene entre manos, sin renunciar por eso a otras verdades de orden superior, que no se prueban experimentalmente.

Creemos los católicos en el albedrío humano y nos sonreímos cuando Zola atribuye la honestidad de Dionisia Baudu al buen estado de su salud, pues la observación nos demuestra que hartas vírgenes enfermas saben ser virtuosas. Sin embargo, no separándonos un ápice de las enseñanzas de la Iglesia, admitimos que el cuerpo influye en los movimientos del alma, que los estados totales o parciales de sueño, de enfermedad, de embriaguez, de pasión, de cólera o de locura, motivan resoluciones inexplicables en ánimos equilibrados, que las circunstancias empujan de un modo eficaz, aunque no irresistible, al hombre, que la naturaleza humana está viciada por el pecado, y que no somos espíritus puros, por lo cual rechazando la tesis materialista de Zola, aceptamos sus investigaciones reales y verdaderas, y algo de su pesimismo en lo que se refiere al convencimiento de la miseria humana.

¡Con que en el Ateneo se ha proclamado que el naturalismo ha de ser ateo por fuerza y ningún naturalista ha protestado ni podía protestar! Pero, amigo Alfonso, no se protesta de cada absurdo que se oye; ¡apenas sería trabajo! Y ante todo, ¿está usted bien seguro de que se trataba del naturalismo, procedimiento literario? Porque hay un naturalismo filosófico anatematizado hace tiempo por la Iglesia, vuelto a anatematizar en la Encíclica recientísima de León XIII contra los francmasones, así como hay un idealismo condenado también, racionalista y perfectamente herético.

No conformándome yo con el parecer de Zola respecto al carácter de utilidad docente del arte, está de más que usted me pregunte «¿qué moral defienden ustedes?» Por centésima vez, el objeto del arte no es defender ni ofender la moral, es realizar la belleza. Para defender la moral, salgan a la palestra los moralistas. *Tractent fabrilia fabri,* que dijo mi amigo Menéndez y Pelayo en cierta donosa polémica.

Tocante a las palabras de baja estofa, que según usted solo empleaban nuestros clásicos en los escritos de gorja o guasa, no sostendrá usted que el *Quijote, La celestina,* los dramas de Tirso, los autos de Calderón, sean escritos de gorja, y en todos hay palabras muy villanescas y aun soeces. ¿Qué más? ¡Si hasta en la rica literatura eucarística se nota esa predilección hacia el vocablo vulgar, familiar, plebeyo, que es uno de los caracteres distintivos de las letras hispanas!

Usted no comprende cómo la autora de *Jaime* y de *San Francisco* pudo transigir con ese género de literatura. No por mi sexo (las mujeres, en general, no son todo lo idealistas que se cree), sino por mi condición, yo pienso y vivo más en verso que en prosa: quiero decir, que tengo cuantas afirmaciones puede tener un poeta práctico. En *Jaime* y *San Francisco* expresé el amor maternal, la hermosura sublime de una edad pasada; con esta poesía interior no cabe hacer hoy una novela; la novela nos ha de ofrecer el mundo interior y la realidad actual, que es también muy bella. Proceder de distinto modo sería imitar a Byron, retratarse el autor en cada obra, volver al subjetivismo romántico.

Ceso ya de hablar de mí misma —me obligó usted a ello barajando mis doctrinas y mi personalidad— y contesto a lo de que los señoritos cortesanos, al imitar los usos, vicios y aficiones de los chisperos, traducen las enseñanzas de la literatura naturalista. ¿Sabe usted si existía esta literatura allá en el XVIII, en tiempos de polacos y chorizos, cuando Jovino increpaba a la nobleza en su célebre sátira, preguntando:

> ¿Ves, Arnesto, aquel majo en siete varas
> de pardomonte envuelto, con patillas
> de tres pulgadas afeado el rostro,
> magro, pálido y sucio, que al arrimo
> de la esquina de enfrente, nos acecha
> con aire sesgo y baladí? Pues ese,
> ese es un nono nieto del Rey Chico.
> . . . .

Y después de pintar la cerril ignorancia del majo, añadía:

> ¡Qué mucho, Arnesio, si del padre Astete
> ni aun leyó el Catecismo! Mas no creas
> su memoria vacía. Oye, y diráte
> de Cándido y Marchante la progenie;
> quién de Romero o Costillares saca
> la muleta mejor, y quien más limpio
> hiere en la cruz al bruto jarameño.
>
> . . . .

¿No parece que está uno viendo a algún frascuelista? Pues el satírico prosigue después de una pintura al natural:

> ¿Y es este un noble, Arnesto? ¿Aquí se cifran
> los timbres y blasones? ¿De qué sirve
> la clase ilustre [...]

Y todo el resto, que, *mutatis mutandis*, podría haberse escrito hoy, salvo que, como don Gaspar Melchor de Jovellanos no se mordía la lengua, su briosa invectiva sería tal vez calificada en estos momentos de poesía naturalista con ribetes pornográficos.

Ya concluyo, que las cuartillas crecen de un modo alarmante; mas no quiero callar que si *El doctor Centeno* fue la novela menos leída de Galdós, no es porque le falten preciosas filigranas, es porque... ¡tiene dos tomos! Comprar, o prestar, o leer dos tomos, es esfuerzo superior al heroísmo de casi todos los españoles. Pase uno abultado, ¡pero dos! Solo algún erudito se atreve con dos tomos. Por lo que hace a *Las vengadoras*, no admito el argumento, pues no me parece naturalista el drama. Es una tesis, y la realidad no predica, o predica de otro modo menos directo.

Tampoco asiento a lo de que el romanticismo cayó no bien se burlaron de sus venenos y puñales. No cayó el romanticismo: pasó, que es diferente cosa. No cae la flor cuando se cuaja el fruto; no cae el gusano de seda cuando hiló el capullo; no cae el múrice cuando produjo la púrpura. Cumplieron su oficio y cesaron de ser, dejando huella imperecedera de su paso por el mundo. El romanticismo renovó y prosperó la literatura, y de su obra está en pie lo que debe estar, lo que la crítica serena y la invencible razón declararon permanente. Pasaron la exageración, la hojarasca y el delirio.

Supongo que una cosa análoga le sucederá al naturalismo, indiscutiblemente actual, pese a quien pese, y por lo tanto vencedor, pues las corrientes literarias tienen siempre su por qué, y en el jardín de las letras no existe flor que nazca sin simiente, cual piensa el vulgo que nacen las setas y los hongos. Usted replicará que hay corrientes turbias y épocas de mal gusto, por ejemplo el gongorismo en España o el marinismo en Italia; ya a mí se me ocurrió la objeción, al par que la respuesta, porque la muerte de esas escuelas conceptuosas y alambicadas, fue la falsedad radical de sus procedimientos artísticos. La verdad resiste al tiempo: feliz quien la conoce y expresa.

Yo también lamento, amigo Alfonso, que un crítico de las dotes de usted, mesurado, discreto, informado, libre, por necesaria consecuencia de su cultura, de ciertas preocupaciones que dominan en la multitud, no sepa ver con mirada sagaz y tranquila esta renovación literaria, y se aturda y conturbe, en vez de analizar y discernir. Algo muere, y usted no lo ha de resucitar. Algo nace, y usted no puede ahogarlo, por más que apriete el cordel.

Termino saludando cortésmente al adversario, y despidiéndome del amigo, como su afectísima y segura servidora Q.B.S.M.:

La Coruña, abril 26 de 1884.

Cartilla

SRA. DOÑA EMILIA PARDO BAZÁN

Calle de Tabernas, 11,

CORUÑA

Ni a negligencia, ni mucho menos a olvido, debe usted achacar el retraso de mi respuesta. Debíasela a usted, debíala asimismo a la «española calpense» que desde *Un viaje de novios* me dirige sendas epístolas, y debíala también en rigor a un señor Llobet y Bargue, que desde Cervera me escribe una discreta carta.

Los trabajos para la reseña de la Exposición de Bellas Artes, que ya usted habrá visto, me han privado de cumplir, como era mi propósito, con usted y con las citadas personas.

Mi contestación será breve y de despedida. Hay otros materiales que reclaman lugar en la Hoja literaria, y no quiero usurpar su puesto, ni menos fatigar a los lectores con la prolongación, en lo que a mí toca, de este debate. Pero si usted lleva su bondad hasta el extremo de seguir con alguna atención lo que yo vaya escribiendo en periódicos o libros, no tardará en hallarme aquí y allá escaramuceando o riñendo singular combate contra el llamado Naturalismo.

Figurémonos ahora que estamos en visita y déme usted licencia para que platique primero (por ser para mí personas de cumplido) con esa calpense y a ese catalán que se han servido dirigirme tan cortésmente la palabra. A usted, mientras tanto, le daré conversación, si no le desplace, mi mujer, pesarosa de que no escriba usted otro *Viaje de novios*, en que tanto se deleitó, y un poquillo aburrida de que los novelistas de ahora hayan dado en la flor, según ella dice, de hablar mucho y contar poco, haciendo las novelas, sigue diciendo mi mujer, tan a propósito para los lectores sabios como secas y cansadas para las simples lectoras que simplemente buscan interés y sentimiento.

Ahora bien; contando con la venia de usted, me vuelvo hacia la «española calpense» y le digo:

—Muchísimo agradezco a usted, señora mía, la benevolencia infinita con que lee y juzga mis escritos; no menos le agradezco el apoyo que presta a la buena causa, dando muestras de manejar con tanta soltura como acierto la pluma, por medio de artículos epistolares en los que abunda el raciocinio y no escasean los varapalos. Usted, al fin y al cabo, puede, como mujer, tratar de igual a igual a la autora de *La Tribuna* y combatirla, en términos que nunca me permitiría yo, tanto por ser hombre y amigo respetuoso de doña Emilia, como porque la conceptúo menos culpable que usted, y sí únicamente un poquillo desvanecida por el amor propio de figurar, no ya como la mejor por sus dotes literarias, sino como única en sus doctrinas y procedimientos.

Se engaña usted, señora española calpense, al pensar que la he tratado con desdén, a pesar del afecto que usted me consagra, y que en verdad me demuestra gentilmente. La controversia con la señora Pardo Bazán me obliga a escribir cuartilla tras cuartilla, y para no ser interminable, cercenaba de lo meramente episódico y cité a usted como de paso. Ahora me apresuro a pedirle mil perdones y a confesar que los bríos con que usted ataca al naturalismo, y *La Tribuna* como representación suya, bien merecen atención señalada y a usted lugar preeminente.

Es más, creo que en algún aprieto había de ponerse el sutil ingenio de nuestra ilustre adversaria al buscar rodela con que parar las estocadas que a nombre de la moral, la religión y las costumbres y gustos femeninos, le asesta usted por sus pecados naturalistas.

Y ahora, con el permiso de usted, me vuelvo hacia el señor Llobet para decirle:

—El entrar a definir la belleza y sus caracteres, como usted me pide, sería punto menos que trocar esta cartilla en Cartapacio y Carta magna juntos, y aun en Cartelón y Cartulario; mas para que vea usted que deseo complacerle, no solamente callo el concepto y firmas de las cartas en pro que he recibido (son muchas, se lo aseguro a usted), y cito la única que me presenta reparos, sino que para no andar en divagaciones filosóficas sobre el tal concepto de la belleza, apelaré a San Agustín, que es doble autoridad, y diré con él que la tengo por el esplendor de la verdad. Con esto queda bien explicada mi opinión, cual es que la belleza ha de dimanar de la verdad, a la que ilumina y hermosea, como que es su esplendor, sin que de aquí se siga que toda verdad sea bella, ni mucho menos que esplenda o fulgure toda verdad; quod erat demostrandum, como diría un escolástico.

Cuanto a que «algunos cuadros de la vida humana descritos por Zola en la Nana, v. gr., a pesar de su crudeza, producen en nosotros los mismos resultados que el concepto bello más puro dimanado del orden moral», borre usted en nosotros y ponga usted en mí porque usted es quien experimentará, sin duda, ese extraño fenómeno psicológico, que nosotros (y en este nosotros cabemos muchos), seguramente no hemos sentido jamás...

—Mil perdones, amiga mía, soy con usted desde luego; noto que no ha acabado de entenderse usted con mi mujer, y lo deploro, aunque la ha contentado usted a medias con la esperanza de leer esa prometida Vilamorta, que usted prepara, y que tengo para mí que ha de ser no morta, sino viva y muy viva;... aunque no demasiado viva, ¿es cierto?

Y ahora, muy en compendio, replicaré a la última epístola que me hizo usted la merced de enderezarme (ÉPOCA de 6 del corriente mayo).

«Dentro del terreno literario —decíame usted, entrando en sustancia— no hay varones ni hembras, hay escritores», y me conjuraba usted a que como tal la juzgue sin pararme en su estilo y tendencias; en suma, que no desea usted que se reconozca su sexo en sus escritos. Pues convenido, y usted con su pan se lo coma, y no toco más este punto, no sea que, sin yo quererlo, se me quiebre de puro sutil.

Observa usted que con mis remilgos tendré por fruto vedado en literatura a Dante, Shakespeare, Cervantes, casi todos los clásicos greco-latinos, y hasta la Biblia.

¡Válgame Dios y cuán ciego es el que no ve por ojo de cedazo, que decía el mismo Cervantes que usted cita! ¡Cómo usted tan perspicaz se empeña en mostrarse tarda en entender!

En primer lugar ninguno de esos autores lo es insigne y preclaro por sus desvergüenzas, sino a pesar de ellas; además, los tiempos y las costumbres han variado, de modo que ni el mismo Zola se ha atrevido a hablar de la *bête à deux dos*, ni del plumón de ave como torchecul de Rabelais, ni Galdós ha llegado en *Desheredada* al hi de... y otros vocablos de Sancho, ni el más «resuelto» de los libretistas de opereta bufa hará cantar a los coros lo que dice el de La asamblea de mujeres, de Aristófanes, ni mucho menos dar a una pregunta la respuesta que da un filósofo en *Las nubes* del propio autor; ni tampoco osaría ningún poeta satírico contar al público cómo tocaba la trompeta aquel demonio del infierno de Dante; ni permite, en fin, la Iglesia católica, leer algunos versículos de la Biblia, sino a fuerza de interpretaciones y de notas.

Y para que vea usted que en estos mis remilgos meramente literarios, no hay ni sombra de mojigatería, añadiré (contestando con esto a lo de que «el objeto del arte no es defender ni ofender la moral, sino realzar la belleza»); añadiré, sí, que puestos a leer licencias... sean al menos licencias poéticas, y que por tanto prefiero mil veces las pornografías de Rolla, Mardoche y los héroes de algunos proverbios de Musset, y las del Fortunio o la *Mademoiselle de Maupin*, de Gautier, a las plebeyas y sucias lubricidades de Goncourt o Zola.

Si al escribir ha de importársenos un ardite de la moralidad y hemos de atender solo a lo bello ¿por qué no pintar Frinés o Lais, en vez de Elisas o Nanas? A otro punto; dije que nuestros clásicos solo empleaban palabras de baja estofa en escritos festivos, y usted me habla de los dramas de Tirso, los autos de Calderón, etc. Pero note usted que puse deliberadamente escritos, no libros ni obras; lo cual significa que dichos autores empleaban las voces villanescas en las escenas en que intervenía gente villana y en boca de éstas sin contar con que ya queda explicada la diferencia de usos sociales y los respetos que hoy al lenguaje se imponen.

Conforme estoy en que los señoritos cortesanos de 1784 serían como los de 1884 son; pero dígame usted, por su vida, y esto es lo que importa: ¿ha de ser la literatura naturalista lo que ataje y corte sus hábitos chulescos y sus tendencias rufianescas? Pues qué, ¿solo en ciertas clases y en ciertos hechos de la vida se puede hallar motivo de novela? ¿Hemos de estar condenados perpetuamente a historias de burgueses o plebeyos, gente cursi o miserable, que son las únicas que los naturalistas de Francia y España eligen para figurar en sus libros, haciendo maliciar que es la única sociedad que conocen? ¿Pues qué el lujo, la elegancia, el arte, la nobleza, a par que la virtud, la ternura, la felicidad y la alegría, son sujetos indignos de novelarse?

Dejo a un lado argumentos tan peregrinos como impropios del ingenio de usted, según los cuales, *El doctor Centeno* no se ha vendido por constar de dos tomos, como si *Gloria* no constara de otros dos y *La familia de León Roch* de tres y los *Episodios nacionales* de veinte (y se venden todas ellas mucho) y...

«de este canto y de su historia, salgo»

reiterándole mi deseo de hallar pronta ocasión de aplaudir en las obras de usted gentes tan bien nacidas y educadas como usted, si quiere, puede pintarlas, y aplicarle que guarde, como oro en paño, una sentencia que considero en literatura como consideró Constantino el lábaro que le decía: in hoc signo vincis.

La sentencia es de Cervantes y dice así:

«El arte no se aventaja a la naturaleza, sino perficiónala».

De usted siempre afectísimo amigo y seguro servidor.

Q.S.P.B

LUIS ALFONSO

Carta literaria

Excmo. señor don Eduardo Calcaño

[...]

Ahora me falta ya tiempo para contestar, mi ilustre amigo, a su nobilísima carta, entrando de lleno a discurrir sobre el tema profundo y por demás interesante a que da usted señalada y merecida preferencia.

Bien hace usted en invocar los nombres esclarecidos de todos esos grandes poetas, literatos y oradores que, siendo gloria legítima de nuestra tierra española, lo son también de aquellas hoy añoradas regiones, que a recabar fuimos un día para los progresos humanos, donde aún vive nuestro nombre y se habla la armoniosa lengua de Cervantes. Bien hace usted en pedirles que se unan a esas huestes de eximios ingenios, que América apresta para lidiar juntos por la salvación de los queridos y eternos ideales de la humanidad.

Todos hacen falta y de todos se necesita para oponer, como usted dice, «un dique salvador a esa nueva avenida devastadora que amenaza ahogar las almas y esterilizar el sentimiento, a nombre de presuntuosas vanidades y de filosofías seductoras». Llegado el momento, todos ocuparán el sitio que por juro les corresponde, y en el suyo estará usted el primero; usted a quien tan honrosos títulos supieron conquistar sus excelentes obras, sus nobles prendas y su gran corazón.

Yo me asombro, como usted mismo, de lo que pasa, de lo que prevalece, de lo que se ve y se encuentra en ciertos llamados campos literarios. Las mismas observaciones que usted se hace, híceme a solas muchas veces, tentado, no pocas a seguir el ejemplo de aquel personaje de Pedro Cardinal, que al encontrarse en cierta ciudad, donde una lluvia continua iba dejando sin seso a cuantos mojaba, se echó a la calle diciendo: «¿Para qué he de estar yo cuerdo donde todos están locos?».

Muchas veces me pregunté, y sigo preguntándome: ¿Qué es eso? ¿adónde quiere conducirnos esa banda de amotinados, que no hueste de revolucionarios? ¿Es que, efectivamente, ya hoy que no se suprimen las naciones en el mapa quieren suprimirse los ideales en la conciencia? ¿Qué es y qué significa esa especie de secta, que no escuela, empeñada en hacer oro del fango, en sustituir al coturno la alpargata, en elevar la grosería a carácter y santificar la inconveniencia como virtud? ¿Por ventura esas naturalidades y naturalismos de ahora, incipientes y decreídos, tienen por misión única la de sublimar la caricatura, aplaudir la obscenidad, asolear lo monstruoso y enaltecer lo inmundo, que esto es lo que, en definitiva, se encuentra tras de la desaseada porosa epidermis de ciertas pornográficas narraciones?

¿Y cuál es la causa, cuál, de esa guerra sin cuartel, de odio y de exterminio, que se hace al idealismo? Yo llegué a sospechar bastantes veces que en algunos de los que emprenden esa Cruzada implacable contra el idealismo pudiera haber algo de lo que palpita en el fondo de la guerra social, hecha al que tiene por el que no tiene.

¡El ideal! ¡Ah! Es que no es dado a todos ir a Corinto, como decía el proverbio de los antiguos romanos. Para perseguir un ideal hay que leer en el porvenir, como para ver una estrella hay que mirar al cielo.

Esto, sin contar aún con que los naturalistas más exigentes idealizan al trazar sus cuadros, y hasta al combatir el idealismo. Dígalo si no la más reciente obra del naturalismo: Les Blasphemes. Pues qué, ¿no idealiza aquel, por ejemplo, que intenta convertir a la meretriz en ángel? ¿No hubo un naturalista de pura raza, de sangre azul, que escribió estas palabras: «Al defender mi causa, lucho por mis ideales?». Pues todo lo dice esta frase.

Por supuesto también que yo, si he de decir la verdad, no me explico ni comprendo bien esa logomaquia en que parecemos andar revueltos.

Yo, por ejemplo, pertenezco a la escuela idealista, tengo plena conciencia de que profeso el culto del ideal; pero así como nunca entendí por esto lo exagerado, lo absurdo, lo convencional, lo falso, así entiendo que el naturalismo debe ser un gran desvarío, si es lo que explica y propaga con sus doctrinas esa escuela que nos vino de Francia, según frase usada en cierta ocasión por el ínclito Gallego.

Prestaré siempre asiduo culto a la verdad humana. Sin ella, sin la belleza, su eterna compañera, no concibo el idealismo. La quimera, la falsedad, la ilusión, la obsesión, el alucinamiento, no son ni serán nunca una escuela, como la caricatura no es la realidad.

Quiero verdad y belleza: quiero realidad y arte. ¿Es axioma inconcuso aquel de que el arte es la verdad? Pues bien, el arte es inseparable del ideal. Sin ideal no hay arte.

Y me importa aquí decir, que al impugnar esa secta que en nuestro horizonte literario se dibuja como nube precursora de tempestades, he de hacerlo siempre en el terreno de los principios y de las doctrinas, en el terreno del ideal, digámoslo así, sin descender al de las personalidades, a que nunca descendí, y que creo debiera estar vedado a todos por dignidad y por amor al arte.

Es más, yo no tengo inconveniente en asentar, pues discuto de buena fe, que la escuela naturalista, descarnada y cruda, tiene su cuna en Francia. Afortunadamente no ha echado aún raíces en España. Algunos espíritus impacientes, generosos, a quienes sobra corazón, y que son idealistas sin saberlo, solicitados por lo desconocido, arrastrados por la moda, y obedeciendo a un móvil de entusiasmo, hijo al fin y al cabo de un ideal, pueden haberse lanzado tras de esa luz, creyéndola una estrella, cuando es solo un fuego fatuo; pero ellos volverán en sí, ellos se convencerán algún día. De que así suceda se encargará el tiempo, gran dispensador de justicias y maestro de verdades.

Ni vale tampoco citar nombres españoles ilustres como apóstoles y propagadores de ese movimiento. Ni aquellos que se invocan, y con quienes va la majestad del talento, fueron naturalistas en el sentido que se da a esta palabra, ni lo son, ni lo serán nunca.

Porque, vamos a ver, que es hora ya de entendernos: ¿qué es el naturalismo en literatura?... ¿Es el realismo, que mejor y más propiamente se diría realeza, es decir, la realidad? Si así es, la inteligencia fuera fácil y no habría para qué malgastar tanto ingenio en polémica. Pero ¿consiste el naturalismo en desrazonar a fuerza de querer razonar? ¿Es ir contra lo natural a fuerza de querer ser natural?... ¿Consiste en dar a las cosas su nombre, aun cuando éste se halle proscrito del lenguaje culto y del Diccionario? ¿Consiste en hacer de un gabinete de lectura un hospital de clínica, sujetando a la clínica hasta el alma? ¿Consiste, finalmente, en aceptar como forma el lenguaje de las tabernas y de los garitos, y en describir, presentar, fotografiar cuadros al vivo con toda su desnudez, siquier tengan todas las impurezas, todas las fealdades, todos los descarríos y todas las desvergüenzas del burdel y de la cloaca?... Si es esto, entonces yo aplico al naturalismo el verso célebre del Dante, y paso de largo. Siempre he creído que había algo de ficticio y no poco de logogrifo en esas ardientes luchas literarias, nacidas al calor de pasiones meridionales. Se empeñan en hallar disparidad donde no debiera haberla, que ni el naturalismo

—razón es la secta procaz e inculta que a todo se atreve, ni el idealismo verdad es la delirante quimera de una imaginación enferma.

Por esto, en cierto luminoso debate a que asistí un día sobre precedentes, desenvolvimiento y consecuencias del naturalismo en el arte, sostuve que, lejos de buscar incompatibilidad, lejos de abrir simas profundas entre el idealismo y el naturalismo, tal y como uno y otro deben entenderse, convenía, por lo contrario, mantener la idea de su enlace estrecho e íntimo, de su fusión, digámoslo así, ya que de ello dependen la bondad, la importancia, la verdad y la belleza de la obra.

Y a propósito de esto, presentaba como ejemplo nuestro Don Quijote, que tan nuestro es, que así le llamamos en vez de decir el Don Quijote de Cervantes. Este libro, que hay quien, con audacia no exenta quizá de justicia, coloca después de la Biblia, demuestra la verdad de lo que estoy sosteniendo. Allí está el naturalismo en el idealismo, el idealismo en el naturalismo. Y con una particularidad, por cierto, que ignoro si alguien ha observado antes que yo. Allí siempre Don Quijote domina a Sancho. El idealismo arrastra y se lleva siempre tras de sí al naturalismo.

Se lo confieso a usted con franqueza, amigo mío. Yo me atrevería a sostener, como tesis irrebatible que el naturalista, en el sentido recto del realismo, tiene que ser por necesidad idealista. Esta es la verdad y la verdad es eterna, como lo es la belleza. De aquí que todo lo feo se esconda y se apague, mientras que todo lo bello luce y brilla; de aquí que todo lo falso pase y muera, mientras que todo lo verdadero queda y vive.

Por esto pasará, y pasará pronto, esa ventolera que nos arroja el Pirineo.

Y así como no entiendo ese naturalismo moderno en la manera y forma que se explica y ejerce, así entiendo menos aún que esos nuevos naturalistas se atribuyan el monopolio del progreso y del liberalismo, constituyéndose en representantes y apóstoles únicos del moderno movimiento liberal.

La pretensión es singular y atrevida. Si algo de ello pudiera haber, sería precisamente todo lo contrario.

El idealismo podrá ser, es y será siempre comienzo de una revolución moral, o religiosa, o política, o literaria, o filosófica, o artística, es decir, un génesis. El naturalismo, en la forma que se entiende, solo puede ser un término, una conclusión, un fin, es decir, un éxodo.

Las épocas en que dominó la escuela naturalista pura lo fueron de tiranía, de esclavitud, de servilismo o de decadencia. Ahí están sino los naturalistas de Roma. Las épocas de idealismo, por lo contrario, fueron siempre las precursoras de revoluciones políticas, de grandeza patria y de regeneración social. Aquellos idealistas, aquellos soñadores, aquellos visionarios que en un rincón de Judea se agruparon junto a Jesús, regeneraron el mundo.

En nuestros tiempos, en los míos al menos, cuando el comienzo de mi vida literaria, aquellos románticos melenudos, objeto hoy de burlas y desdén, fueron los precursores de la revolución, gracias a la cual pueden hoy discutir y escribir con entera libertad los naturalistas.

[...]

Víctor Balaguer

Libros a la carta

A la carta es un servicio especializado para empresas,
librerías,
bibliotecas,
editoriales
y centros de enseñanza;
y permite confeccionar libros que, por su formato y concepción, sirven a los propósitos más específicos de estas instituciones.

Las empresas nos encargan ediciones personalizadas para marketing editorial o para regalos institucionales. Y los interesados solicitan, a título personal, ediciones antiguas, o no disponibles en el mercado; y las acompañan con notas y comentarios críticos.

Las ediciones tienen como apoyo un libro de estilo con todo tipo de referencias sobre los criterios de tratamiento tipográfico aplicados a nuestros libros que puede ser consultado en Linkgua-ediciones.com.

Linkgua edita por encargo diferentes versiones de una misma obra con distintos tratamientos ortotipográficos (actualizaciones de carácter divulgativo de un clásico, o versiones estrictamente fieles a la edición original de referencia). Este servicio de ediciones a la carta le permitirá, si usted se dedica a la enseñanza, tener una forma de hacer pública su interpretación de un texto y, sobre una versión digitalizada «base», usted podrá introducir interpretaciones del texto fuente. Es un tópico que los profesores denuncien en clase los desmanes de una edición, o vayan comentando errores de interpretación de un texto y esta es una solución útil a esa necesidad del mundo académico.

Asimismo publicamos de manera sistemática, en un mismo catálogo, tesis doctorales y actas de congresos académicos, que son distribuidas a través de nuestra Web.

El servicio de «Libros a la carta» funciona de dos formas.

1. Tenemos un fondo de libros digitalizados que usted puede personalizar en tiradas de al menos cinco ejemplares. Estas personalizaciones pueden ser de todo tipo: añadir notas de clase para uso de un grupo de estudiantes, introducir logos corporativos para uso con fines de marketing empresarial, etc. etc.

2. Buscamos libros descatalogados de otras editoriales y los reeditamos en tiradas cortas a petición de un cliente.